Inhalt

/

TSEAD BRUINJA

Sechs Gedichte

Aus dem Niederländischen von Ralf Thenior

In der Kälte einen Freund finden

*In memoriam Titus Brandsma (Anno Sjoerd Brandsma,
Oegeklooster 23-2-1881 – Dachau, 26-7-1942)*

Im Haus eines Anderen wohnen
und darin ein Zuhause finden

In den Namen eines Anderen kriechen
und darin eine Stimme finden

Dich in den Brunnen eines Anderen fallen lassen
und daraus emporgehüsert werden

Neues Leben blasen
in eine alte Haut

Ein Stückchen Pfad daran anlegen
und die Arbeit nicht fertig kriegen

Erneut sagen
was ein Anderer gesagt hat

Und in dem Anderen ein Zuhause finden

In der Wunde eines Anderen wohnen
und mit ihm warten
bis sie heilt

Lehren was ein Anderer gelehrt hat
ihm ein Mitwisser sein und deinen Namen
dazu setzen

Sagen was ein Anderer gesagt hat
und die Wörter gebrauchen
bis du ihnen vertraust

Einen Pferderücken leer lassen
den Zaun aufmachen
den Abend füttern

Ein Stück mit der Sonne gehen
und den Mund nicht voll machen
das Wort zurücklassen

Weil es zu groß ist
weil es dich klein hält

Eine neue Wunde machen

Die Haut verlassen wollen
weil sie zu weit ist

Den Raum füllen
um des bewohnbaren Wortes willen

Das Bett machen
die Nachtmiete kündigen

Den Aufruhr anfeuern
den Rand wegnehmen

Das Feuer beruhigen
die Ankunft absagen

Die Haut einreiben
den Stock zurechtschneiden

Einen Baum stehen lassen

In der Kälte einen Freund finden
in der Säure einen Blutsverwandten

Vom Boden Abschied nehmen
das Recht auf das Zugesagte verlieren
es verfliegen lassen

und jubeln

Mit einer Skizze an Türen klopfen
einen aufrührerischen Plan beisteuern

Einen Rotstift übergeben
der niemals hingefallen ist

Niemals gebrochen

Einen Witz über Petrus erzählen
der Simon von Gitta aus dem Himmel betete
und mit seinen Knien Kuhlen
in den harten Boden drückte

Die Einfalt vervielfältigen
dein Publikum nicht unterschätzen
und mit dem Clou anfangen

Nicht alle Wunden sind tödliche Wunden
alle Wege doch Pfade

An einen Traum kratzen wollen

In deiner eigenen Wunde wohnen
dein eigenes Blut nutzen

Sie traten Anno Sjoerd und sie traten Titus

Sie traten Anno Sjoerd und sie traten Titus
bis der Pater blutete und der Blutende sagte

Wir müssen für diese Menschen beten
auf dass sie zur Einsicht gelangen

Kollektive Armut könnte
die Sache verhindern

Die Burg der Seele
kriegen die Stiefel nicht kaputt

In einer Brillendose unter seiner Achsel
bewahrte er die Hostie womit das ganze Lager
gesegnet wurde

Er weigerte sich zu glauben
daß der dürre Boden
keine Frucht tragen konnte

Sie traten Titus und sie traten Anno Sjoerd
in meinen Augen ein Rätsel
das ein Rätsel verflucht

Sie traten wegen schmutziger Schuhe
ein Bett das nicht ordentlich genug

Vertrauen in das Hohe
ein winziger Acker für die Einen

unumstößliches Fundament
für die Anderen

Er wusste was er bei sich trug
das was in allem war

Auch in dem Bruder
der Lappen um die Schwären

unter seinen Füßen band

Wechselzunge

Das größte Recht der Welt
hat Handlanger

Das älteste Recht kennt nur
Vorbeigänger

Das größte Recht der Welt
haut regelmäßig mit der Faust auf den Tisch

Das älteste Recht lässt alles nur so
von sich abgleiten

Wir versetzen Flussbetten
hängen Glocken an Mauern
und Türme

Das Recht der Zeit weiß sicher
wir sind auf der Rückreise
die Geschichte ist rund

Findest du das auch?

Das kleine Recht ist die Braut
das größte Glück ihre Zunge
die mich aufsucht und Einspruch erhebt
mein Geschwätz gegen das Licht hält

Mich an einem Kriegslied arbeiten lässt
von einem Mann der gesund und heil
nach Hause kommt

/

KARSTEN REDMANN
Am Fenster

Habe soeben beschlossen, die Wohnung nicht zu verlassen. Es ist aber auch ein Sauwetter da draußen – spucken müsste man auf dieses schmutzige Grau, wegwischen müsste man es können, ja, genau so, mit einem schnellen Wisch einfach weg, aus dem Auge aus dem Sinn – ach, schon seit Tagen geht das so.

Es zieht mich aber auch so gar nicht nach draußen. Was sollte mich auch dazu bringen, die enge, ja scheißenge Stiege nach unten zu stapfen und die Haustür mit dem längst welken Weihnachtsschmuck aufzustoßen? Nichts und niemand, denke ich, also bleibe ich hier, in meiner Wohnung, hier am großen Fenster harre ich aus, harre der Dinge, schaue was ist.

Nichts von Belang.

Ich ringe mich zu dem Gedanken durch, Kaffee aufzusetzen, zwei Tassen schönen schwarzen Kaffee – schwarz wie die schwärzeste Nacht. Und stark. Ja, stark muss er sein; muss sich durchsetzen können. Alle müssen sich doch durchsetzen können. Du. Ich. Wir … Natürlich mit Schuss, denke ich und lächele in mich hinein. Sonst macht es ja keinen Spaß. Und es soll doch Spaß machen. Kaffee mit Schuss, doppelte Ladung …

Aber ach, ich schweife ab – also schnell ein paar Handgriffe hier, ein Mahlen der Bohnen, ein Brühen, gefolgt von ungeduldigem Fingertrommeln auf dem Tisch.

Endlich ist er durchgelaufen, und ich trinke, ach schön, denke ich, rieche und trinke … und weil mir nichts besseres einfallen will, entschließe ich mich, aus dem rückwärtigen Auge des Hauses, dem Fenster meines Arbeitszimmers zu blicken, denn ab und an ist aus diesem einen – besonderen – Blickwinkel heraus, eine sich abzeichnende Bewegung, eine schöne oder unschöne Angelegenheit da draußen in der Welt zu entdecken. Klingt hoffnungsvoll, ja, ich weiß, und hebt auch, nebst dem Kaffee mit doppeltem Schuss, ein wenig meine Stimmung. Kurz öffne ich das Fenster und atme tief ein. Aber nicht zu tief. Nein. Man muss es ja nicht übertreiben. Das wusste schon mein Vater. Wusste es morgens und abends, wusste es alle Zeit …

Die Luft riecht nach Schnee, brennendem Holz und Januarkälte; ich kann nicht sagen, dass ich diesen Geruch nicht mag, weiß aber auch nicht viel mit ihm anzufangen.

Es ist wie es ist.

Immerhin, denke ich, halte ich die noch warme Tasse in der Hand. Aber was heißt das schon? Im Grunde habe ich keine Ahnung, warum ich sie nicht dort auf den Tisch stelle. Aber manche Dinge die ich tue oder unterlasse, kann ich mir, im Moment des Nachdenkens, nicht erklären … Und jetzt – jetzt wird mir auch noch kalt, meine Füße, durchgefroren sind sie, alle Zehen eiskalt und taub. Das Fenster, denke ich. Dann muss ich wohl das Auge schließen, es hilft ja nichts …

Selbstverständlich bleibt der Schnee nicht liegen, wäre ja noch schöner. Dafür ist es nicht kalt genug. Da kennt der Schnee nichts. Er braucht schon seine Bedingungen. Mir geht es ja nicht anders …

Nun ein Rattern, leicht anschwellend, ein Gleisen. Alles hinter Fensterglas. Von links kommend, rauscht der Personenzug heran, ein neueres Modell, eines von den windschnittigen. Schon vorbei. In weniger als einer Minute wird der Zug am Bahnhof halten, Menschen, die ich nicht kenne, und mit Sicherheit auch nicht kennenlerne, werden ein- und aussteigen – und gut ist.

Aber Moment – was ist das? Da hinten. Steht da nicht einer? Dass ich jetzt aber auch kein Fernglas zur Hand habe. Wollte mir doch schon längst eins gekauft haben. Man kann aber auch nichts erkennen. Jung, alt? Keine Ahnung. Alles in allem wirkt die Person da unten recht unscheinbar – kein Wunder, vor diesem Riesenbau, diesem neugotischen Sakralgeschwür da unten, mit seinen bunten Fenstern und den himmelsstürmenden Türmen, nur ein Katzensprung von den Bahngleisen entfernt; dazwischen das Paradies, beziehungsweise eine Straße, die pikanterweise so heißt: Paradiesstraße …

Schon oft habe ich an langen, zähen Sonntagen die meist in schwarz gehüllten Kirchgänger oberhalb der Paradiesstraße beobachten können. Sie gingen rein in das Geschwür und kamen wieder raus. Viele Alte darunter, wenige Kinder. Ja, das fiel mir schon früh auf: Dass da so wenige Kinder in die Kirche gingen. Na ja. Andere Zeiten … Ach, es ärgert mich, dass ich ausgerechnet jetzt kein Fernglas parat habe. Schon vor Wochen wollte ich mir doch eins kaufen; hatte im Katalog ein recht günstiges Exemplar entdeckt. Egal. Auf jeden Fall steht da unten einer. Jetzt bewegt er sich, dieser Eine, wedelt mit den Armen. Dieses winzig kleine Menschlein da draußen wirkt ein wenig verloren vor diesen uralten, grauen Mauern. Jetzt dreht er sich um, dieser eine, sicher ein Mann, denke ich beiläufig, und kann sehen, wie er sich bückt. Zumindest sieht es von hier oben so aus, als würde er sich nach unten beugen, um etwas aufheben zu wollen.

Um ihn besser sehen zu können forme ich meine Hand zu einem Rohr, so dass sich mein Auge auf die Gegebenheiten im Inneren des Hautzylinders fokussieren kann. Und ja, es funktioniert. Schon sehe ich die Dinge etwas deutlicher. Was treibst du da? Dumm nur, dass die Schneeflocken seine Bewegungen verwischen. Aber jetzt, jetzt bückt er sich erneut, greift wohl nach etwas, dreht sich um, und fast könnte man glauben, dass er nach jemandem Ausschau hält – sein Blick, ein Suchender. Schaut er etwa zu mir hoch? Aber ach, das bilde ich mir ein. Warum sollte er? Schon wieder wedelt er mit beiden Armen, wedelt wie wild, bückt sich, greift nach etwas, geht auf die Kirchenmauer zu und bewegt sich seitwärts, ja, von links nach rechts bewegt er sich, während zeitgleich sein linker Arm Kreise, Halbkreise und Linien in die Luft malt. Nun hält er inne, schaut zu mir hoch.

Kann er mich sehen? Aus einer Unsicherheit heraus trete ich einen Schritt nach hinten und stelle die Kaffeetasse langsam auf den Tisch. In diesem Moment beginnen die Kirchenglocken zu läuten. Wie angewurzelt stehe ich da. Lausche. Atme. Atme bewusst. Ein. Aus. Höre in mich hinein. Ein Wort, das sich ununterbrochen zu wiederholen weiß, setzt sich in meinem Kopf fest. Ich denke das Wort, ich denke Andacht, andächtig, und bin zum x-ten Mal in dieser immer gleichen Sackgasse gefangen, denke Andacht, denke andächtig, sehe Gesichter, sehe weiche Linien, Körperlinien, Ebenen, Arme, rote Wangen, Finger, Wimpern, schmale Füße, Augen, viele Augen, ein Lächeln sehe ich, eine Hand, einen Mund. Ich will ihn küssen, den Mund. Will gierig sein. Doch plötzlich: Kälte – ein kalter Schauer, der über meinen Rücken zieht. Unversehens habe ich das Bedürfnis, mich an etwas zu wärmen. Denke: Jetzt ein heißes Bad.

Und während ich wenig später, im Halbdunkel des Badezimmers, nackt in der vollen Wanne, einen feuchten Waschlappen über den Augen, mich ein wenig abzulenken versuche, von alldem was in mir aufzukommen scheint, finde ich nicht die ersehnte Ruhe, so sehr ich mich auch anstrenge; denn meine Gedanken enden unentwegt in einer Art Sackgasse, einer Sackgasse, an deren schwarzen Mauern hunderte Fotos hängen, derart viele, dass ich nicht weiß, wo ich hinschauen soll – und schlimmer noch, da sind nicht nur diese Fotos – ein Puzzle aus hunderten Körpern – da ist auch dieser Verrückte, dieser Mann von eben – und will mir einfach nicht aus dem Kopf, beschäftigt mich, beschäftigt mich noch immer, und ich finde kein passables Mittel ihn auszuweisen aus meiner Welt. Er hat mich auf eine unangenehme Art gepackt, dieser Mensch da. Unvermutet gepackt. Im Griff hat er mich … Eine rauchen, denke ich jetzt, in der Hoffnung, dass das Nikotin alles fügen wird. Ich spüre schon den Rauch in Kehle und Lunge. Also trockne ich mich schnell ab und suche in Schubladen nach den Menthol-Zigaretten, finde aber keine. Du wolltest doch aufhören, sagt eine Stimme. Ja, höre ich mich sagen. Wollte ich …

Um zu sehen ob er nicht längst weg ist, stelle ich mich, in meinen angenehm weichen Bademantel gehüllt, erneut ans Fenster. Es schneit noch immer. Und nein, er, der Mann, er ist nicht weg, steht da, leicht nach vorne gebeugt, verdreht, die Arme ineinander verschlungen. Er muss frieren, denke ich, und während ich das denke, fühlen sich meine Hände schwitzig an. Ist er jung? Ich weiß es nicht. Wie alt wird er wohl sein? Diese schwitzigen Hände. Das kenne ich so gar nicht.

Um den Mann besser sehen zu können, forme ich zum wiederholten

Mal meine rechte Hand zu einem Zylinder, aber, so ein Unsinn, denke ich, das ist doch nicht zu glauben, hatte ich ja ganz vergessen, Moment, es müsste, ja, hier, hier in der Schublade, ach hier ist es ja. Sehr schön. Mein altes Opernglas, ja, verrückt, genau hier, hier zwischen Tannhäuser und Siegfried. Wie konnte ich … Das macht die Sache natürlich einfach.

So. Ja. So ist es besser. Wer bist du? Was machst du? Was hast du vor? Ich blicke durch das Opernglas und schrecke auf, lese die Wörter, die der Mann an die Kirchenmauer gesprayt haben muss, lese sie ein zweites und auch ein drittes Mal; eine unbändige Wut macht sich breit. Raus will ich sie schreien, die Wut. Meine Hand will augenblicklich das Fenster öffnen – aber ich reiße mich zusammen, rede auf mich ein, beruhige mich für den Moment. Doch weil sich diese Wut nicht einfach aufzulösen gedenkt, sich aufstaut und anwächst, greife ich nach der Tasse auf dem Tisch und schmettere sie mit aller Kraft gegen die Wand, schreie: „Ich bin kein Mörder! Verdammt nochmal! Nein, bin ich nicht! Nie gewesen!" Gerade will ich auch noch das Opernglas gegen die Wand schleudern, als eine Tür laut ins Schloss fällt. Der Nachbar, denke ich. Kann er nicht – dieser Trampel. Wie so oft schaltet er Musik ein, seichte Radiomusik, die 90er rauf und runter. An Wochenenden geht das schon morgens um neun Uhr los. Und will kein Ende finden. Ich kann … ach, was soll ich sagen … zum aus der Haut fahren ist es.

Ich halte mir die Ohren zu und beginne eine Melodie zu summen – möchte nichts denken, aber wie so oft, spielt mein Kopf sein eigenes Spiel mit höchst eigenen Regeln, denn plötzlich sehe ich wieder die mir vertrauten Gesichter, sehe Arme, glühende Wangen, Finger, Wimpern, Füße, Augen, viele Augen, ein schmales Lächeln sehe ich, eine Hand, einen kleinen Mund. Halt. Stopp. Aufhören. Bitte. Bitte nicht.

Du musst an etwas anderes denken, sage ich mir, lockere den Gürtel meines Bademantels und lege mich rücklings auf den Teppichboden. Strecke mich aus. Vom Boden aus kann ich das Fenster sehen, kann sehen, wie es allmählich finster da draußen wird. Der Schnee fällt jetzt in dicken Flocken. Beruhige dich, sage ich mir, denn auch das heute wird morgen, wenn auch nicht vergessen, doch etwas vage sein. Und die kommenden Tage dann auch bald vorbei. Es kann nicht ewig so weiter gehen. Nein, wird es nicht. Du wirst lernen müssen. Ja. Und jetzt – jetzt reiß dich gefälligst zusammen … Das Telefon klingelt.

Ich lasse es klingeln. Meine rechte Hand kribbelt. Gleich ist es stockdunkel. Wäre da nicht der Schnee … Aber der Schnee da draußen ist ja nur ein Hauch, eine dünne Haut nur auf Mauern und Straßen und Häusern …

Jetzt höre ich Schritte, und dann, dann ebbt die Musik ab, und es ist mit einem Mal sehr still, unangenehm still. Vielleicht so still wie in einem Sarg. Nein, ganz bestimmt so still wie in einem Sarg – einem schweren Sarg, tief unter brauner, feuchter Erde.

SYLVIA VON KEYSERLING
Alles eine Frage der Übung

Terenberg hat mich gleich erkannt, da, auf der Straße. Er war in Eile. Er hat gewinkt.

Ich hab dich nicht erkannt, Terenberg. Ich erkenne kaum jemand mehr. Schon gar nicht auf der Straße. Ich sage dir das am Telefon, und du sagst, du willst mich besuchen. Du wüsstest gern mehr über mein Leben. Wie ich geworden bin, was ich bin.

Was ich war, denke ich. Und siehst du, das schwemmt Erinnerungen an die Oberfläche. Welche Oberfläche? An den Strand meines Gehirns. Meines Bewusstseins? Wann willst du kommen? Ich habe immer Träume gemalt, ja.

Das geht so hin und her, von Anrufbeantworter zu Anrufbeantworter. Deine Stimme erklärt, das Interview sei für die Retroausstellung. Werkausstellung, sagst du. Dann stehst du an der Tür, hast Essen und Wein mitgebracht. Vom Koreaner, das Essen ist warm. Gläser habe ich schon auf den Tisch gestellt, wir setzen uns und sprechen dies und das.

Es ist ein bisschen wie früher, findest du nicht, sage ich. Du tauchst mit Essen auf, wir fangen gleich an und führen das Gespräch fort. Von vor einer Woche, von vor einem halben Jahr. Damals im Atelier, erinnerst du dich? In meinem Atelier im Archipel.

Von vor über einem Vierteljahrhundert, ja. Terenberg schaut mich so an, lächelt. Aber heute lass ich das Gerät hier mitlaufen. Ist das in Ordnung für dich?

Lass uns erst essen, sage ich, und, wenn du mir den Text hinterher zeigst. Du wirst allerhand streichen müssen.

Heute geht es ausschließlich um den Katalog. Ich will was über dein Lebensthema wissen.

Als wolle er mich noch öfters befragen. Er schenkt nach. Bevor er mit dem Fragen anfängt, räumt er die Teller weg.

/

Wie hast du dein Grundthema gefunden? Wirklich schon während des Studiums?

Schon davor. Aber ja, wir diskutierten darüber an der Akademie. Es sollte uns nicht festlegen. Vielmehr Freiraum bieten und eine Perspektive. Sagte der Professor und wies darauf hin, dass ein früh gefundenes Thema das Berufsleben erleichtern konnte. Sein Thema waren Farbflächen, über die merkwürdige Figuren huschten. Oder durch eine Farbe stelzten. Manche ragten einfach in die Farbe hinein. Oder aus ihr heraus, eine Frage des Blickwinkels.

Das ging also vom Professor aus?

Soweit ich mich erinnern kann. Andererseits wollten die meisten auch ihr ganz eigenes Ding finden, ihre Berufung, undsoweiter. Nun ja, einen Platz in der Welt. Es ist lange her, Terenberg. Aber ich erinnere mich an die lebhaften Gespräche darüber, die Ambivalenz des Ganzen. Tatsächlich war ich nicht die einzige, die das Studium schon mit einer bestimmten Vorstellung begonnen hatte. Ein Kommilitone hatte sich auf Puppen und Masken spezialisiert. Eine Kommilitonin auf die Darstellung von Frauen, eine andere auf Zeichen. Das waren zum Teil filigrane, äußerst abstrakte Zeichnungen. Eine Art Schriftzeichen, mit denen sie ganze Wände bedeckte. Einmal setzte sie einen Stein in die Weite von Garnichts, eine Arbeit, die mich sehr beeindruckte. Das war allerdings später. Wie hatte sie das gemacht, dass man sich sofort steineinsam und verlassen fühlte, wenn man das Bild ansah?

Terenberg nennt einen Namen, ich nicke. Dann will er wissen, wie das bei mir angefangen hat. Wie bist du auf Träume gekommen?

Ich träumte lebhaft, und ich war fasziniert von Träumen. Zunächst und auf Jahre hinaus natürlich von meinen eigenen. Ich wollte die mir vertraute Bilderwelt der inneren Landschaft darstellen können. Ihre Kompositionsregeln waren für mich lange maßgebend. Später fing ich an, sie zu portraitieren, wenn du so willst. Ich setzte Schwerpunkte, arbeitete das mir Wesentliche heraus.

Hast du nicht ein Traumtagebuch geführt?

Damit hatte ich schon mit dreizehn begonnen. Dabei geht es zunächst um das Aufwachen nach einer Traumphase, um sich selbst das Geträumte zu erzählen. Danach weiterschlafen. Morgens lässt sich der Traum Wort für Wort aufschreiben. An derselben Stelle in einen Traum einzutauchen nach einer Wachphase erwies sich als schwieriger. Es gelang nur hin und wieder. Ich durfte an nichts anderes denken, bevor ich wieder in den Schlaf glitt. Ein weiterer Schritt bestand darin, bei Wiederaufnahme des Traums eine andere Richtung einzuschlagen. Alles eine Frage der Übung. Und der Zuwendung.

Zuwendung?

Früher nannte man das Hingabe.

Diese ganzen Experimente, hast du dir die selbst ausgedacht?

Nein, nein. Ich hatte ein Buch.

War das nicht sehr zeitaufwändig?

Ich habe früh angefangen. Das war spannender als Latein lernen. Es hat mich zum Malen gebracht. Und jedenfalls hatte ich immer genügend und zum Teil sehr eigenwilliges Material.

Martha Mehring, Malerin der Träume, zitiert Terenberg.

Im Gegensatz zu Kolleginnen und Kollegen, die sich über Inspiration durch Farbe und die Sprache der Linien ausließen, über bestimmte Arten der Wahrnehmung und ihre Umsetzung oder Abstraktion, sprach ich über Träume. Über die analoge Welt der inneren Bilder und wie sich die Wahrnehmung der Welt in ihnen spiegelt, ungewöhnlicher und treffender als alle Metaphern, die jemand erfinden mag.

Ich erinnere mich, dass du sehr wohl über Farbe und Licht und all das gesprochen hast. Terenberg hebt die Flasche in meine Richtung, ich erkenne die Bewegung. Noch Wein?

Nicht für mich, sage ich, danke. Und dann, ja sicher. Später. Nach dem Studium war ich ein junges Talent, erhielt Stipendien und Ausstellungen und erzählte allen was über Träume. Ich hatte einen guten Start. Obwohl ich als reichlich verspätete Surrealistin galt. Ich verkaufte Bilder.

Hielt das an?

/

Na ja, Geld war trotzdem knapp. Ich musste mir was einfallen lassen, besonders, als ich in das Atelierhaus einzog. Ich beschloss, die Träume anderer Leute zu malen. Das stellte sich allerding bald als sehr heikle Angelegenheit heraus. Nicht nur, dass die Träume in der Darstellung der Träumenden häufig an Kraft und Glanz verloren, die sie doch ursprünglich gehabt haben mussten. Lag das daran, dass meine Auftraggeber ungeübte Erzähler waren? Warum waren diese Träume oft so plump, sentimental oder einfach nur peinlich? Inspiriert von zweifelhafter Lektüre, mehr noch von Fernsehserien und Werbespots und natürlich immer vom Bedürfnis nach Selbstinszenierung.

Zunächst versuchte ich, derartig beschriebenen Träumen eine in der Erzählung nicht vorhandene Dimension abzugewinnen. Das kam manchmal sehr gut an und manchmal überhaupt nicht. So habe ich das nicht geträumt, bekam ich dann zu hören. So habe ich es Ihnen auch nicht geschildert. Die Person fing noch einmal an damit, und ich musste auch noch einmal anfangen.

Das war eine schwierige Zeit. Ich wollte meine Auftraggeberinnen einbeziehen und trotzdem mir selbst treu bleiben. Ein Spagat, der nicht gelingen wollte. Bis ich mich auf Portraits verlegte, die meine Modelle in einer Art unwirklichen Räumen zeigten, in merkwürdigen Landschaften. Zusammen mit Fabelwesen oder mythischen Tieren, mit historischen Figuren oder auch in einer vorgestellten Zukunft. Ich bildete sie ab in der Traumwelt, die sie sich wählten. Und so, wie Portraits einen Spiegel vorhalten können, der den Betrachtern etwas über die Portraitierten verrät. Etwas, das jene als bereichernd empfinden oder etwas, das ihnen weniger gefällt, weil sie auf eine bestimmte Art gesehen werden wollen und dafür bezahlen. So hielt ich ihnen einen imaginierten Spiegel vor. Surrealismus, wenn man das heute noch als solchen bezeichnen möchte, ist für mich eine Möglichkeit, mit den Mitteln der Malerei mehr als nur ein Verhältnis zum Sichtbaren aufzubauen.

Gab es auch Traumerzählungen, die dich faszinierten?

Lichtblicke! Die Zaubergesellschaft der Träume, von der Baudelaire spricht. Ja, die gab es. Sie gaben mir die Kraft, das Projekt weiterzuverfolgen.

Zum Beispiel?

Ich erinnere mich an eine Träumerin, die durch einen auberginenfarbenen Korallenwald wanderte, keine Handlung, nur dieses Schreiten durch die Unterwasserwelt, ihre Freude daran, ihr Staunen.

Die Arbeit an den Portraits weckte mein Interesse für Räume. Ich stellte meine Modelle ja in ein von ihnen gewähltes Areal. Parallel entwickelte ich eine Raumserie, die sich tatsächlich als surreal bezeichnen lässt. Das war eine sehr spannende Zeit, ich experimentierte viel.

Ich erinnere mich an die Ausstellung. Sie hatte eine bemerkenswerte Resonanz.

Am liebsten hätte ich die Bilder alle behalten. Aufgehängt in einem eigens für die Serie konzipierten Umfeld.

Sie schienen den eigenen Raum zu erweitern, neue Räume zugänglich zu machen, bemerkt Terenberg. Als Zyklus sind sie ein Kunstwerk, das ein besonderes Kraftfeld entfaltet.

Das überraschte mich selbst. Ich bewegte mich an den Rändern der inneren Welt, wo Raum und Perspektive sich verändern und in solche Bereiche hinein. Das war eine aufregende und inspirierende Entdeckung.

Komposita des Träumens? Du hast den Innenraum über Jahre in verschiedene Richtungen ausgelotet.

Komposita des Traumraumes. So könnte ich das nennen. Der Traum selbst, im Schlaf wie im Wachen, war mein Grundstein. Mein Material. Das Ausgangsmotiv blieb eine Herausforderung, weil es sich erweitern und verändern ließ.

Inwiefern?

Träume laufen immer mit. Sie grundieren das Leben und bestimmen es oft auch. Ist es nicht merkwürdig, nur die Oberfläche zu betrachten? Ich verleihe einer Landschaft Tiefe, indem ich die innere Landschaft durchschimmern lasse, darin sichtbar mache. Traumräume oder solche, die wir gewohnt sind als real zu bezeichnen, es sind alles Beschreibungen der Welt. Ich halte die Grenzen für fließend.

Ja, natürlich, murmelt Terenberg. Dann ruft er, Moment mal! Willst du damit sagen, was wir sehen spielt keine Rolle? Weil das Wahrgenommene immer Bild ist und nur symbolisch sein kann? Oder willst du dich einfach von den Realisten abgrenzen?

Das Sehen verwerfen, Terenberg? Nein. Ich spreche von Räumen, in denen wir uns bewegen. In denen Leben sich darstellt und darstellbar wird.

Wir schweigen beide. Denkt Terenberg jetzt über eine solche Beschreibung der Welt nach? Den Künsten nicht fremd, aber belächelt. Ermisst er die Konsequenzen?

Schließlich sagt Terenberg, wollen wir über Ausstellungen sprechen? Welche hat dir am meisten bedeutet?

Zürich. Die letzte ebenso wie die zwanzig Jahre zuvor.

Einmal die Räume und das andere Mal die Portraits?

Ja.

Wie ging es weiter?

Danach kam keine spezielle Phase mehr. Ich experimentierte mit Licht. Mit Perspektiven, wie die alten Meister sie verwendet hatten. Und nach wie vor befasste ich mich mit Portraits.

Ich erinnere mich an eine Ausstellung mit einer aufregenden Art von Landschaften.

Das waren die Experimente mit Licht und Perspektive, aber ja, das lässt sich als weiteres Kapitel ansehen. Natürlich.

Sie entstanden in einem Zeitraum von mehreren Jahren, ich arbeitete an unterschiedlichen Bildern. Für diese Ausstellung wählte ich Landschaften aus. Erst dadurch wurden sie zum Zyklus. Es gab auch noch eine weitere Portraitausstellung, das ist noch gar nicht so lange her.

Portraits aus zwanzig Jahren, zitiert Terenberg. Ja. Er stellt das Gerät ab. Wie wäre es mit Kaffee? Kann ich hier irgendwo einen besorgen?

Ich habe zwar nur noch ein Zimmer, antworte ich. Aber ein Tee lässt sich auch hier kochen.

Terenberg ist schon aufgesprungen und sieht sich nach dem Wasserkocher um. Er füllt ihn mit Wasser, findet Teekanne und Tassen und fragt nach meinem Privatleben.

Darüber habe ich nie viel gesprochen. Die Malerei war meine Geliebte und mein Leben, wie die Maler sagen, ein Klischee, das auf mich zutrifft. Aber ja, ich schloss Freundschaften während des Studiums. Und später im Archipel. Wir verbrachten Abende miteinander. Diskutierten. Erzählten. Stritten. Als ich dort einzog, bedeutete mir die Kritik einer erfahrenen Kollegin viel. Zu einem anderen Zeitpunkt spielte ich diese Rolle für einen Kollegen. Es ist bekannt, dass ich mit der Künstlerin, deren Thema Zeichen sind, seit unserer Zeit auf der Akademie befreundet bin.

Das Diktiergerät läuft nicht mit, ermutigt mich Terenberg. Du musst jetzt nicht pressereif sprechen, wenn ich das sagen darf. Lass mich mal die Daten aufzählen. Er schaut auf seine Notizen. Geboren, aufgewachsen, Gymnasium, Akademie, das steht hier alles. Geheiratet hast du nie. Keine Kinder, wenn ich richtig informiert bin. Ich hab mich gefragt damals, ob du mit einem der Maler aus dem Atelierhaus liiert warst.

Hast du dich das gefragt, wiederhole ich, und da spazieren schon die Erinnerungen durchs Zimmer. Terenberg kann sie nicht sehen. Er hört auch nichts, weil ich schweige und Tee trinke. Für Augenblicke bin ich wieder in meinem Atelier. Ich sehe mich selbst an der Staffelei. Wie ich den Modellen prüfende Blicke zuwerfe. Wie ich Licht und Schatten wahrnehme und umsetze. Körperhaltung, Linien und Form eines Gesichts studiere, die Beschaffenheit der Haut. Die Augen.

Die Modelle sahen mir auch zu. Wie ich hantierte. Skizzierte. Wie ich mich konzentrierte, mich bewegte, der aufmerksame Blick. Das konnte durchaus das Begehren wecken, vor allem bei den Portraitierten. Hin und wieder ließ ich mich verführen, und gelegentlich verführte ich selbst.

Ich sehe Terenberg an und sage, darüber sollst du nicht schreiben.

Terenberg lacht. Wie altmodisch du bist. Klingt fast liebevoll, wie er das sagt. Eine Zeit lang ging das Gerücht um, du hättest deine Modelle verführt. Stimmt das?

Terenberg, Terenberg! Ich lache jetzt auch. Wen interessiert schon mein Privatleben? Ich glaube, ich mochte heimliche Liebschaften. Natürlich hat das zu Gerüchten geführt.

Das ist auch ein Traum. Terenberg schaut mich so an, nachdenklich, glaube ich. Ein verwirklichter Traum. Aber zur Sache. Was deine Lebensumstände angeht, sagt er und meidet das Wort Privatleben, so interessieren mich die sehr wohl. Ich möchte dich noch viel fragen. Er rückt damit heraus, dass er vorhat, eine Biografie zu schreiben. Meine Biografie. Oder vielleicht ein Lebensbild. Natürlich immer an meinen Arbeiten entlang. Ob ich mir das vorstellen könne?

Besser du als sonst wer, knurre ich. Aber ich warne dich, Terenberg! Ich erzähle dir nur was, wenn du das Buch nicht veröffentlichst, so lange ich lebe. Terenberg nickt tapfer, aber womöglich kreuzt er die Finger hinter dem Rücken. Ich werde ihn das unterschreiben lassen müssen. Ich kann noch gut zehn Jahre leben, drohe ich, und, wie ich hoffe, bei Verstand bleiben.

Das schenkt mir die Freude, weitere zehn Jahre mit dir zu plaudern! Die Abende im Archipel, die Gespräche mit dir, haben mir damals sehr viel bedeutet, wusstest du das? Jetzt kann ich dir was zurückgeben.

Keine Enthüllungen, beharre ich. Du wirst enttäuscht sein.

Terenberg wirkt belustigt, das sehe ich. Ich will zunächst mehr über deine Anfänge wissen. Elternhaus, Kindheit, Einflüsse, all das. Und über Brüche, Übergänge im Leben. Gab es die? In meinen Ohren klingt es fast, als hätte sich das meiste für dich wie von selbst ergeben.

Sicher. Brüche und Einbrüche, Hängepartien, Zeiten des Scheiterns. In welchem Leben gibt es die nicht? Und zuletzt meine Augen, die mich so bitter im Stich gelassen haben. Wenn man so alt ist wie ich, scheint sich allerdings tatsächlich vieles ineinander zu fügen. Erinnerung täuscht.

Terenberg sagt, aha, und packt sein Gerät ein. Er bittet mich, ein wenig nachzudenken. Über die Brüche. Er will sie ungefügt. Vielleicht wird er noch einmal anrufen, noch etwas wissen wollen für das Interview. Er freut sich, dass ich mit seinem Projekt einverstanden bin.

Bevor er geht, versichert er mir, den Text für den Katalog schick ich dir zu, bevor er in Druck geht. Geht nur um dein Lebensthema.

Dann bin ich wieder allein. Nicht wirklich, Erinnerungen leisten mir Gesellschaft. Vielleicht mögen sie es, wenn man sich mit ihnen beschäftigt. Vielleicht sind sie wie Träume Teil der inneren Landschaft, die sich immer wieder neu zusammensetzt, ein unerschöpfliches Experiment der Bilder.

MICHAEL GIRKE
Erwandertes Deutschland
Unterwegs an den Randbezirken unserer Wahrnehmung

Mir wäre Henning Sußebachs „Deutschland ab vom Wege", ein 2017 erschienenes Wanderbuch, entgangen, hätte nicht ein Freund mich eines Tages darauf hingewiesen. Dankenswerterweise, stellt die Lektüre doch in gleich mehrfacher Hinsicht ein bewegendes und aufschlussreiches Erlebnis dar. Das beginnt schon mit Sußebachs Selbstcharakterisierung. Irgendwann hat dieser Autor festgestellt, dass er als Reporter der Hamburger Wochenzeitung „Die Zeit" zwar regelmäßig wenig beachtete Zonen des hiesigen Alltagslebens erkundet und darüber berichtet hat, ihm dieses Land aber dennoch weitgehend unbekannt ist. Mit diesem Defizit, meint Sußebach, stünde er nicht allein, es kennzeichne einen bestimmten Typus: den Städtebewohner, der angesichts dessen, was in der Provinz vonstatten geht, stets nur auf eine Weise reagiere: mit Naserümpfen.

Den Nebel zerteilen

Sie hat gewaltige Dimensionen, diese Provinz, das Hinterland, wie Sußebach es nennt. 6,2 Prozent Deutschlands sind jener Beton-versiegelte Bereich aus Büros, Bürgersteigen und Bahnhöfen, in dem wir uns überwiegend bewegen. Die restlichen immerhin 93,8 Prozent durcheilen wir in Autos, ICEs und Flugzeugen, Laptop- und Smartphone-bewaffnet. „Wie klein und eng der Raum ist, den wir unsere Welt nennen", stellt Sußebach erschrocken fest, „was für ein Irrtum zu glauben, er dehne sich im Zeitalter der Mobilität und Globalisierung aus. Wir springen nur weiter und schneller von Punkt zu Punkt."

Das Gegengift dazu: Gemächlichkeit, zu Fuß unterwegs sein. Und zwar wochenlang, vom Darßer Leuchtturm an der Ostsee bis zur Zugspitze, querfeldein, konsequent abseits aller Ortschaften; Straßen passiert Sußebach nur dann, wenn es sich überhaupt nicht vermeiden lässt. Und dennoch sind klassisch romantische Aussichten, wie man sie von Bildern Caspar David Friedrichs oder aus Trekking-Prospekten kennt, eher nicht zu haben. Denn das Wandern hat so seine Tücken. Der Rucksack lastet, die Blasen an den Füßen schmerzen, und abseits jener abgesteckten Welt, in der man immer genau weiß, was zu tun ist, begegnet man wiederholt der eigenen Ahnungslosigkeit. Welches Tier mag da wohl gleich aus einem Gebüsch hervorschnellen, ein Vogel, doch eine Natter?

Sind die anfänglichen Schwierigkeiten aber einmal überwunden, oder schafft man es, sich irgendwie mit ihnen zu arrangieren, stellen sich nach und nach Veränderungen ein. So ist man plötzlich in der Lage, das jeweils Spezifische einer Landschaft wahrzunehmen – oder dass es in der Stille selbst leise Töne weit trägt. Zentrale Bedeutung in Sußebachs Wanderbuch haben indes menschliche Begegnungen, die der Weg und der Zufall ermöglichen. Da ist etwa die mit Simona und Liviu, einem rumänischen Paar, das aus Armutsgründen nach Deutschland gekommen ist. Liviu war in der Heimat ein hochgeachteter, aber skandalös schlecht bezahlter Arzt; jetzt wohnt er in einem kleinen ostdeutschen Dorf und muss erleben, dass die Leute seine Praxis wegen ihrer Vorurteile meiden – und das trotz bedrückenden Ärztemangels in der Gegend. Oder da ist Günther auf seinem abgelegenen, verfallenden Hof in Mecklenburg; ein gastfreundlicher, warmherziger Mann, aber auch ein offensiver Vertreter von Pegida- und AfD-Gedankengut. Wodurch unser weltoffener, liberaler Autor zwar in einem fort auf die Palme gebracht wird, am Ende aber dennoch Verständnis dafür entwickelt, warum jemand wie dieser Günther angesichts bestimmter Züge der deutschen Realpolitik verbittert.

Sußebachs Methode des Deutschland-Verstehens: Er lässt sich erzählen, vor allen Dingen hört er gut zu – und merkt dabei, wie die Redenden sich Satz um Satz verwandeln, von Schemen (Ostdeutsche, Landmenschen, Rumänen etc.) zu Menschen mit einer Geschichte werden, mit guten Gründen, so zu sein, wie sie jeweils sind. Es ist ein Vorzug dieses Buches, dass hier einer schreibt, dem Wandern Horizonterweiterung ist, der unterwegs an den Randbezirken seiner großstädtischen Wahrnehmung ihr herablassendes und ihr oberflächliches Moment ausmacht – und dazu noch eine politische Seite des Ganzen. „Die Weltendeuter", erinnert sich Sußebach an einen Empfang mit vielen Entscheidungsträgern und Journalisten, „waren in unzerkratzten Schühchen unterwegs, die auf beinahe schwebende, punktuell geführte Leben hinwiesen, auf Bodenberührung allenfalls noch in DB-Lounges, Flughafen-Transitzonen und an Taxiständen. Wann hatten sie wohl zuletzt einen Bauernhof besucht?" Kurzum, Günther, der AfD-Sympathisant, hat durchaus berechtigt das Gefühl, die Politikmacher würden Leute wie ihn, ihre Lebenserfahrungen (mit der Wiedervereinigung oder der Globalisierung) ignorieren, verdrängen, gar verächtlich machen. Man muss Sußebachs Buch wohl als einen Protest gegen diese für den modernen urbanen Deutschen bezeichnende Geringschätzung des Ländlichen verstehen. Nicht nur, dass diese auf Ignoranz und Blindheit fußt, sie hat, wie das Beispiel „AfD-Günther" deutlich macht, auch weitreichende politische Folgen.

Die Wirklichkeit der Wörter

Wie es um die die literarische Güte von Sußebachs „Deutschland ab vom Wege" bestellt ist, zeigt sich, wenn man es vergleicht. Ebenfalls im Jahre 2017 erschien Jean-Christoph Baillys Reise- und Wanderbuch „Fremd gewordenes Land" (der Originaltitel lautet „Les Dépaysement"). Ähnlich wie dem Deutschen geht es auch dem Franzosen darum, zu erkunden, was sich in den Provinzen tut und was das wiederum über die gesellschaftliche Wirklichkeit aussagen mag. In beiden Büchern kommt es ab und an zu Selbstreflexionen, zu Betrachtungen über das Handwerkszeug des Schriftstellers, das Medium der Sprache. So stellt Sußebach fest, wie ärmlich das alltägliche Stadtvokabular ist, dass es nicht hinreicht, seine Erlebnisse in und mit der Landschaft zu fassen, er infolgedessen zunehmend auf alte Wörter wie „beschwingt", „queren", „beschwerlich", „Feld und Flur" zurückgreift. Hinzu kommt ein wachsendes Staunen über das Land. In einer jeden Region kennt man für eine Tätigkeit wie etwa den jährlichen Heuschnitt ein anderes Wort – und es gibt gar nicht nur einen Heuschnitt im Jahr, sondern deren viele, Tätigkeiten, die wiederum überall verschieden bezeichnet werden. Mit anderen Worten: Die Regionen halten eine großartige sprachliche Vielfalt bereit, lauter Wörter, die uns mit den Dingen der Welt enger verbinden.

All das liest man mit Sympathie und mit Gewinn. Und dennoch wächst während der Lektüre auch ein gewisses Unbehagen. Das liegt an Sußebachs eigener Sprache, daran, dass er immer wieder zu Wendungen wie „Ich trank den Durst und den Staub weg" oder „Maschinen, die auch ihn weghobelten" neigt, die dem Satzbaukasten von Werbern entnommen sein könnten; oder demjenigen all derer, für die Literatur vor allem eine Sache des Effekts ist, sie in einem fort zu knallen hat. Solche Stilblüten sind zumal in einem Buch ärgerlich, in dem es doch darum gehen soll, gängige Diskurse und Wahrnehmungsweisen in Frage zu stellen, sie aufzubrechen, ihnen entgegenzuarbeiten.

Dafür, wie es im Buch des Franzosen Jean-Christophe Bailly zugeht, ein Beispiel: „Winterliche Gemüsegärten hinter den Häusern, Garagen, Graffiti unter den Brücken, Brachland, dann ein Weg, der wie ein Relikt in die Weinreben führt, rote und weiße Fabrikschornsteine, Isover vor Orange, von Hand die Arbeit der Fotografen machen, digitale Erfassung, Fließbewegungen, Durchlassend – periodisch unterbrochene Welt wie in 'Boxing' von James Coleman, sie erscheint in Schwällen, um gleich wieder zu verschwinden." Das ist eine ins Buch übernommene Eintragung aus Baillys Notizheften, in welcher der Autor sich einerseits ganz dem Strömen des wandernden Schauens, der huschenden Eindrücke und Wahrnehmungen überlässt, im selben Atemzug aber auch zu erkennen gibt, dass er hier etwas äußerst Schwieriges, wenn nicht gar Unmögliches versucht: mit Sprache zu fotografieren, Wirklichkeit dokumentarisch festzuhalten. Und während Bailly dies tut, wird seine Prosa der Lyrik ähnlich. Von solch einem schönen wie poetischen wie formbewussten Strömen ist Sußebachs Wanderbuch leider nahezu frei.

Noch zwei Dinge sollen hier Erwähnung finden. Eins macht sich bemerk-
bar, wenn Jean-Christoph Bailly anlässlich eines Streifzugs durch St. Eti-
enne fasziniert die Geschichte einer dortigen solidarisch-anarchistischen
und vor allem selbstverwalteten Arbeitersiedlung erzählt. Diese gibt es
seit vielen Jahrzehnten, sie existiert immer noch und versucht sich gegen
die Welt der Einfamilienhäuser drumherum zu behaupten. In diesem Mo-
ment, es gibt etliche davon im Buch, macht der Franzose in der Provinz
nicht die Provinz aus, sondern ganz etwas anderes: Nischen, in denen
Menschen sich herrschenden Moden, Denkweisen, Normierungen (auch
der Zentren) aus guten Gründen widersetzen, ein anderes Frankreich. Sol-
ches zu registrieren, scheint dann doch gänzlich außerhalb des Horizonts
unseres großstädtischen Wanderers Henning Sußebach zu liegen.

An anderer Stelle beschreibt Bailly jenen Ort, an dem König Ludwig
der XVI. im Zuge der Französischen Revolution verhaftet worden ist und
schweift davon ausgehend plötzlich ab, ergeht sich seitenlang in erhellen-
den Betrachtungen über die Kunst und die Weltsicht des Bildhauers Au-
guste Rodin („ … seine Unverfälschtheit rettet Rodin davor, dem Gran-
diosen in die Falle zu gehen, die sich so oft vor ihm aufgetan hat"). Hier
wie in vielen Buchpassagen versenkt Bailly sich in Regionalgeschichte
und führt den ungeheuren Reichtum vergangenen Denkens (und auch Na-
turbewusstseins) vor Augen. Nicht, dass solches bei Sußebach nicht vor-
käme, bei ihm ist es freilich nicht mehr als ein Spurenelement, Zierrat.
Dem Deutschen fehlt die Lust, sich von Vergangenem, von Geistesge-
schichte, von Philosophie bereichern oder besser noch: hinreißen zu las-
sen – und dadurch fehlt dieses Schillern, zu dem es kommt, wenn Beob-
achtungen mit kulturgeschichtlichen Erkenntnissen verknüpft, unterirdi-
sche, unvermutete Zusammenhänge sichtbar werden.

Die Vorzüge von Henning Sußebachs „Deutschland ab vom Wege"
wurden oben beschrieben, sie sind mannigfaltig, das Buch ist intelligent
und auch einfühlsam. Im Vergleich mit dem von Jean-Christophe Bailly

/

allerdings kommt darin eine Geisteshaltung zum Vorschein, die vielleicht wirklich typisch für vieles in unserem Land ist, nämlich eine ungemein beredte Beschränktheit.

MICHAEL KRÜGER

Zehn Gedichte

(Mein Europa)

Davia

Weißt du,
wie man Bougainvillea schreibt?
Bei Plinius kann ich sie nicht finden,
aber hier bricht sie über die Mauer
und erstickt jedes Gespräch.
Und immer, wenn ich hoch schaue
von meinem Buch
über die Zerbrechlichkeit Europas,
das übrigens mit den Zeilen endet:
Überleben hat eine gewisse Ähnlichkeit
mit dem Schreiben eines Gedichts.
Nicht einmal der Dichter weiß,
wie es endet, bevor es zu Ende ist,
schaue ich in die tausend Augen
der Bougainvillea und weiß,
wie die Geschichte nicht enden darf.

Dresden

Ihm zitterte die Hand, als er,
an einem dieser Würstchenstände,
entdeckte, dass nicht er die Bratwurst,
sondern die Bratwurst ihn fotografierte,
nachdem der Zwinger und die Frauenkirche
und das Bernsteinzimmer schon im Kasten waren,
in der Nachwelt der übrig gebliebenen Brocken.
Das unerträgliche Schweigen der Bilder,
die alle zeigen, Opfer und Opferbereite,
gespiesst und getrocknet, mit Ketchup
in den Totenschädeln oder Senf.
Hinter uns spielten drei Musiker aus Polen
auf Tuba, Trompete und gestopftem Horn
für die Kröten und Tauben,
dass die Stille zu schreien begann.

Drava/Drau

Der Fluss, an sein Wasser gekettet,
erfindet uns eine Welt zu unserem Vorteil.
Ratlose Schwalben, es ist das Jahr ohne Mücken,
und Schwäne, flussaufwärts,
erforschen die Geschichte der Strömung.
Alles ist selbstverständlich, also
schweigt der Himmel, er hat keine Kraft,
ein Verstehen zu erzwingen.
Links schleicht die Synagoge vorbei
auf der Suche nach dem zehnten Mann
fürs Gebet, rechts, unter den Maulbeerbäumen,
ist Mittel und Ziel katholisch.
Stille, ohne Verwandlung.Wir hörten
das Unheil nicht kommen, es fiel uns
wie eine reife Birne in den Schoß.

Hinter dem Staffelsee, Richtung Süden

Der See gleitet vorbei,
nichts sagend und hochmütig.
Vor den Bergen,
die aus ihren Granitbecken steigen,
entsteht im Dämmer ein Saal,
eingefasst von Blutwurz und totem Gras.
Man müsste ein Archiv anlegen
für die herrenlosen Begriffe,
ein Archiv aus samtenen Schatten.
Rehe und Füchse spielen
Räuber und Gendarm,
und ein einsamer Hase
versucht es auf dem einfachen Dienstweg.
Der Präsident, heißt es,
ist schon wieder außer Rand und Band,
deshalb bleiben die Sterne im Dunkel.

Innsbruck

Von der Spinne wäre zu reden,
wie sie den Trauerflor knüpfte
mit stummer Geduld,
aber mir fehlten die Worte;
und wie ich am Morgen
durch die schlafende Landschaft fuhr
wie durch untergegangene Reiche,
auch darüber wäre zu reden.
Alles ist immer anders,
als es sein müsste, die Erinnerung,
vielfach geflickt, ist kein Zeuge,
dem man trauen darf.
Nicht vergessen dürfte ich
den Heuschreck,
wie er das Gras teilte,
das unteilbar schien,
und das Gejammer der Amseln.

Allmannshausen

Die roten Dachpfannen auf dem Schuppen
für die Spaten, Hacken und die Schere,
den Hasel zu köpfen; das knallende Geräusch
der Bucheckern auf dem Blechdach
über dem schläfrigen, sonnengegerbten Holz
für den Winter; die Blätter der Linde,
die bei jedem Herzschlag der Schöpfung zittern,
als sei ihnen nicht geheuer oder als träfe sie
eine Schuld, die sie abbüßen müssen;
die eigenmächtigen Gräser, die so tun,
als sei ihnen die Ewigkeit sicher;
die pöbelnde Sprache der Hornissen
am erleuchteten Fenster; die Festigkeit
des Regens, der mich ungeschoren lässt.

Ich brach in die Nacht ein wie ein Dieb
auf der Suche nach Worten,
aber ich fand keine Tür, keine Pforte,
keinen Eingang, kein Loch.
Und so wie Worte sterben können
noch in der Mundhöhle,
so starb auch der Tag, bevor er begann.
Zurück blieben die Schnecken.

Berlin Charlottenburg

Wir saßen in der vor Hitze flirrenden Nacht
vor unserem Hotel in der Meinekestraße,
vor uns die goldenen Steine,
die an frühere Bewohner erinnern wollen,
hinter uns die abstrahlende Wärme der Mauer,
als ein buckliger Wind durch die Straße zog,
einer von denen, die ohne Herkunft sind
und nicht wissen, wo sie schlafen sollen.
Aber sie leben in den vier Wänden der Stadt,
man hört ihr düsteres Mahlen,
ein Wind auf Wanderschaft,
für Stimmen empfänglich, die wir nicht hören.
Drei oder vier Spatzen ließen sich tragen
von ihm und eine schwer lesbare Seite
aus der Geschichte des Planeten,
die wollte Raoul über Nacht entziffern.
Bitte nicht stören, steht auf dem Türschild
eines Schriftstellers aus Venezuela,
der endlich einmal ausschlafen will.

Soglio

Wie eine Schnecke zieht der Mond
seine Schleifspur über das Val Bondasca,
und der Granit, der Nacht entstiegen,
erzählt seine Geschichte der Ewigkeit.
Am Tag habe ich hier Libellen gesehen,
die nach Rissen suchten im Stein.
Von unten hörte ich den Lärm der Äxte
und der Motorsägen, die den Schatten jagten,
der sich im Unterholz versteckte.
Die Sonnenuhr schlug zwölf,
da war es Zeit, das Unglück zu erkennen,
das am Abend auf mich warten würde,
wenn des Mondes Schneckengang begann.

Allmannshausen

Bevor noch das Helle von Osten
das Dunkle verdrängte und ich
nicht wusste wie mir geschah,
begannen die Vögel den Tag
zu begrüßen, nein, kein Gesang,
wie oft unterstellt wird,
sondern lautes Geschrei
und diese stumpfsinnigen Laute,
wie sie die Wildtaube ausstößt.
Dazwischen, als Satzzeichen
in einem erratischen Text,
die kurzen Rufe der Finken
und das forsche Geplapper
der Amseln und des Sperbers
gekrächztes Gekrickel,
wenn er die Beute erspäht.
So lag ich, bis ich die Sonne sah,
die sich durchs Fenster drängte
und dem anderen Text,
der nicht warten wollte,
den Weg wies übers weiße Papier.

Auf dem Weg nach Leoni

Und im letzten Schein der Sonne,
gefiltert durch die harten Blätter der Schlehe,
sah ich unterm Grün den Dachs, sein Blut
auf den schuppigen Zapfen, dem fahlen Gras,
auf dem er sich ausgestreckt hatte,
dunkel wie Holundersaft und nie mehr
abzuwaschen.
Er sah aus, als würde er lachen.
Ich nahm eine Kerze von einem der Kreuze,
die hier auf den Büßer warten,
und stellte sie dem Dachs vor das Auge,
in der Hoffnung, dass ihr winziger Schein
nicht wie das Streichholz wirkt,
mit dem ein Irrer das Weltall in Brand setzen will.
Es wurde dunkel. Keine Sternschnuppe,
kein Leuchtkäfer, nur die flackernde Kerze
vor dem Auge des toten Dachses,
mehr Licht gab es nicht auf der Welt.

RALF THENIOR
Lebenslärm
Ein Bäckerdutzend neuer Gedichte

Alma

Ein schneeweißer Hund
schneeflockengleich weht er
übers Stoppelfeld hüpft
wie ein Schmetterling durch die Luft
läuft einem Zirkusgaul gleich
täuscht Bremsung vor
und setzt mit rehgleichem Satz
jauchzend über Strohwälle
noch einer und noch einer
voller Eleganz und Lebensfreude.
Morgen werden sie das Stroh
zu Ballen pressen übermorgen
glänzt schwarze Scholle im Sonnenlicht.

Die Lerche

Nach schwerem Schlaf
und dunklen Träumen
Kopfkarussel im overdrive
kein Auge zuzukriegen
und morgen und gestern
die Schwestern im Krieg
Angst schnürt die Kehle zu
das Herz am Rasen
doch da im ersten grauen Licht
von fern ein Lerchenton
ein Lerchenlied
zieht die Seele
hinauf ins Blau

Lebenslärm

Tellergeklapper, Geflüster
bei offenem Fenster, Balkontür weit offen.
Kind logolallt, ein Schrei verhallt,
freudig (endlich!) Leka nosht! Iyi akshamlar!
Fai var mi? Keine zweite Wirklichkeit,
alles eins zu eins. Welches Salatöl?!,
ein leiser Streit, friedlicher Abend.

So ist jede Begegnung in Echtzeit
beglückend, man lebt und sieht andere leben.
(unterdrückt) So wie ich kann, bin ich hier weg!
Andele, andele! wie das Kleinkind den Hund
lockt: Schango, Tjango, Dlango, Du Rango ...
Hr. Dingsbums in seinen freudlosen vier Wänden
schweigend lötet er Drähte zusammen.

Brôcans Wald

Jedesmals auf der A2
Dortmund nach Nottbeck
kurz hinter Hamm
auf dem Übergang
ins rurale Münsterland
Misteldolden in kahlen Kronen
gesellig grüne Mistelkolonien
begleiten mich eine kleine Weile.

Schmarotzerpflanzen und Wirtsbäume
schaden sie sich oder ist es Osmose
Die Wirtskronen im Sommer belaubt
dass man Dolden kaum sieht
im Grün aufgegangen.

Dichterische Verfahren
Wolkenkratzer und Bügeleisen
Verschiedenes zusammenführen
um eine Einheit zu bilden
die lebt und leuchtet.

Vorbeifahrend denke ich:
Brôcans Wald.

Seine Gedichte bringen Entlegenes
und Nächstes zusammen, verfremden
es, schaffen neue Räume, der Blick,
auf viele Dinge gleichzeitig
gerichtet, verändert sich.

Ein freier Ort, ohne Feindschaft
unter Menschen, in fließender
Welt, dies fließende Licht,
wir gehen hindurch,
wir sehen es und sehen es nicht,
es schwindet.

Oh, ihr Mistelzweige,
Kugelsonaten, grüne Toccaten,
danc hall cumbia electronics,
vorbeihuschende Lebewesen ...

Herkulesstauden

Am Haldenhang wuchs eine Kolonie
auf meiner Lieblingstour am Kanal entlang
hochzeitskutschenrädergroße Blütendolden
auf dickem grünem haarig giftigem Stamm
Im Sommer rastete ich im Schatten der Kolonie
Lag im Gras sah Wolkenwandel das Rascheln
und Knistern der für hiesige Flora riesigen Blätter
im Ohr Ah! Dies Geräusch aneinanderreibender
elefantenohrgroßer Bärenklaublätter im Wind.

Dobre doschli sag ich mal welkomen die Reise
vom Kaukasus her war lang aber fröhlich immer
eine Generation weiter Respekt! das ist euer Leben
eure Erfüllung voller Bewunderung dachte ich
an den Winter wenn die riesigen trockenen Dolden
gegen das graue Schneelicht des Himmels stehen.

Vom Kaukasus bis zur Ellinghauser Halde eine
Geschichte der Beharrlichkeit ihr reitet in Trupps
ein geselliges Völkchen wenn die Florapolizei
euch niedermäht bleibt immer ein leicht Verwundeter
übrig der sich berappelt und eine neue Kolonie gründet.
Ihr geht überall hin. – Gebt mir ein Stück eurer Zeit!

Hinterhofblues

Sitze im Münsterland mit Tieren im Hinterhof
unter westfälischen Wolken bei Glockenklang
diese wundervollen weißen Haufenwolken
die so niedrig übers Land ziehen
dass man meint sie mit der Hand
herunterholen zu können
und habe Sehnsucht nach fremden Menschen
Sehnsucht nach meinen Leuten
Sehnsucht unter tief ziehenden weißen Wolken
Sehnsucht nach dem Geruch des Parks
nach meinem Garten und den Laufkatzen
die im Hafenbecken liegende Binnenschiffe entladen
Sand wird verschoben von hüben nach drüben
unter den tief ziehenden wundervollen Haufenwolken
Westfalens Sehnsucht nach meinem Arbeitszimmer
und dem Lebenslärm der großen Pause
auf dem Schulhof der Lessing-Grundschule
und der still auf dem Nebenbalkon rauchenden
Frau Ucak aus Izmir habe Sehnsucht nach dem
Vollmond überm Turm der Nikolai-Kirche
und der Leuchtschrift KIOSK Bier Zigaretten
Bonbons und was sonst das Herz begehrt
sogar Margarine und Fladenbrot eine Dose
Ölsardinen noch im Schapp einen Müller-Thurgau
gekühlt mit einem Spritz Bitterol gewürzt
ein Erfrischungsgetränk Oh Feldherrnstraße
Haselnussparadies hab so Sehnsucht nach Dir

Hr. Dingsbums

Fererter Herr T.

Vielleicht könnten
sie einmal in
dem Dreckloch
wo sie wohnen usw.
sich etwas leiser
verhalten wie es
Ihrer häßlichen
Gesichtsfratze ent-
spricht.

Viele Grei, Der
Hr. Dingsbums
auch aus Ihre(m)
jesuchsaus ohi ns tegees
kch kch kch ...

Luftspiegelungen

Jeden heißen Sommer
mirages auf der B54
von Münster nach Herbern,
die Straßendecke hob und senkte sich,
Kirchtürme tanzten in der Luft,
Kornährenmeere, maisgrün.
Die heißesten Luftspiegelungen
seit Aufzeichnung der Wetterdaten.
Und das immer wieder.

Die ersten großen Herbststürme,
seit der Hamburger Flutkatstrophe,
im Münsterland, Häufigkeiten,
neue frische Frühjahrsstürme,
und immer flogen diese kleinen
von Wärmestrahlern rot angestrahlten
Ferkelchen durch die Luft,
Mutterstallwärmesimulation,
hin und wieder eine Schwarzbunte,
laut und zornig muhend, da,
ein Kühlschrank, Eichenwurzel,
riesig, Schatten auf der Frontscheibe,
KRACH, schlägt durch, Airbag,
Glück gehabt, eine Phantasmagorie!

Opabot mit Hund

Ach der Hund holt noch eben
das Stöckchen von gestern
aus seinem Körbchen das ist
ein gutes Zeichen ist lernfähig

der Morgen feucht und kühler
doch leuchtet er im Rotgold
der aufgehenden Sonne alles
noch ruhig am Samstagmorgen

fröhlich springt der Hund in den
Kofferraum aus Wiesen steigt Dunst
parken am Parksplatz des Golfclubs
alte Zeiten flirren in atemberaubender

Geschwindigkeit über eine Seiten-
projektionsfläche seines Broca-Areals
während eine Taube ein Kaninchen
nein einen Hasen für Beuys kapert

Vorsichtshalber hat er einen Tüte
und ein Messer dabei für Pilze
er war eine Fehlkonstruktion er war
dem Steinpilz verfallen irreversibel

der Hund sprang vor ihm her froh
altbekannte Gegend neu zu erkunden
er ungeachtet der sideshow betrachtete
den mit braunen Buchenblättern übersäten

/

Boden und dachte nein nicht genug
Wasser keine Stämmchen mit kräftigem
Hut nicht in Butter zu braten gar nichts
ist da kein Pilz nich mal ne Psilocybe

doch dann diese Kratzspuren in der
Buchenblätterdecke Tiere oder waren
es wieder diese verdammten
Russen die den Steinpilz seit Alters her

kannten der Hund rannte ihm voran
verschwand im Maisfeld weiß verschwand
braun kam zurück Oh Gott was hast
du Ungeheur meinem Hund angetan

Kletten überall Kletten der ganze Hund
war voller Kletten braun vor Kletten
und was soll man jetzt für eine Entschuldigung
vorbringen alles entkletten dauert Jahre

aber muss getan sein (chapeau liebe Klette
du zeigst Zählebigkeit du bringst es weit
du klemmst dich an jedes Fell sogar die
Fingerkuppe wird dich nich los durch Wischen)

halbwegs gereinigt sprang der Hund in den
Kofferraum ha diese verdammte Klette
noch bis in den späten Nachmittag schalten
sie Opabot eine Klette übersehen dabei

waren es hunderte gewesen und was war
schon eine Klette gegen einen Klettenhund
Opabot wüschte sich sehnlichst aber erfolglos
zurück auf die Bank neben den Pfaffenhütchen

Reiher im Regen

Leerer Golfplatz quatschnass
Regen pladdert auf den Schirm
und die Welt der Hund trägt sein Stöckchen
Wir sind bei TEE 17 Rasen geschoren
in Semperfimanier ein Reiher
fliegt vom zweiten Tümpel auf
die schweren langen Flügel
pumpen durch nasses Grau
hinter der Eichengruppe erhebt
er sich schwerfällig in die Luft
um nach einem kurzen Flug
wieder auf die Füße zu kommen
Ruhestellung verschwindet
im feuchten Grau

Timur the Lame

und Tamerlan war ein Krieger
mit einem Herzklappenfehler

und der lahme Timur
war die Geißel der Goten

ein böses Hinkebein mit Peitsche
Timur der Lahme

Eroberer islamischen Glaubens
Ende des vierzehnten Jahrhunderts

Der Schrecken Transoxaniens
Vernichter von Dörfern Zerstörer von Brunnen

Ließ Pyramiden bauen
aus Menschenschädeln

Starb in Schymkent Kasachstan
nach mehrtägigem Alkoholexzess

Timur ließ auch Gärten anlegen
Pläne auf Rücken gepeitscht

Reissuppe mit Tomaten

Das Kind seit Tagen nicht gewaschen
Sie kamen barfuß aus Berlin mit der Bahn

Dunkle Vorahnung dräuend im Gemütsfenster
Kleine Füße einer Vierjährigen im Straßendreck

Und was sie nicht alles in die Gegend schmeißen
angefressene Döner, Tampons, Pizzakartons

Glasscherben Sie bescheißen ihr eigenes Nest
Ihr Lebensraum wird Müllkippe krank

Die Tochter fragt nicht nach ihrem ersten Kind
will Aufmerksamkeit und Geld für die neue Enkelin

Immer wenn es ihm schlecht ging
kochte er etwas für sich

mit Zutaten aus dem eigenen Garten

Seelenwanderung

Im Halbschlaf, der Morgen graute,
sah ich eine Seele vor mir in der Luft,
kompakt, leicht und gelblich –
liegend schwebte sie im Äther
langsam und stetig zum Himmel empor.

Verwundert dachte ich im Traum,
ganz ohne Angst, ob es wohl meine ist
oder die eines Freundes, einer Freundin,
eines Feindes, die sich in dieser Stunde
von mir und der Welt verabschieden will.

Wohin du auch fliegst, kleine Seele,
möge deine Reise leicht sein.

GERD HERHOLZ
Zwölf Gedichte

corvus corax, seltener gast

beim blick aus dem fenster
jäh in der sonne schillernd, schwarz
ein kolkrabe, zurückgekehrter exilant,
galt als ausgestorben, hierzulande.
gelassen stolziert er
auf dem kieselbedeckten flachdach
der kleinstadtbücherei.
lange blickt er mich an, er, er, er
der schräge sänger, der krächzer,
wirft schließlich kleine stücke
moos durch die luft,
kehrt unterstes so
zuoberst, vogelfrei auf der suche
nach mehr als nur mensch
hinter glas, als nur wort aus papier

nächtliche rede

lies
die wünsche mir
von den lippen erfüll
mir bloß den nicht

komm mir nah
besitz mich ganz
auf nimmerwiedersehn
lass mich nicht
fass mich
nicht
an

leg dein leben mir
zu füßen dann
geb ich meins
nicht
aus der hand

mach die augen zu
wir wolln mal sehn

komm liebste, leck

komm liebste, leck
mir meine wunden
die du mir tags
hast beigebracht

ich küss
dir deine runden ...
in dieser
lauen vollmundnacht

brenn mir
durch mark und bein
und brenn mir
durch die haut

dir brenn ich
durch noch früh genug
bevor
der morgen graut

so frei

ich bin so
frei auch hier
aus vollem hals zu singen
aus dem roten kehlchen
mit der losen zunge
und dem leeren bauch

so vogelfrei
bin ich gefangen
nehmen mich
die lieder nur
in viele himmel auf

zen
(auch das)

sich
die zeit vertreiben
bis
alle zeit vertrieben ist

den tee trinken
bis zur neige
bis zum grund
der schale

die leere schale

die schale
leere

vögel, theropoden

sehe das nur ich oder
werden die elstern wirklich
größer von jahr zu jahr

kaum noch zu hören
die amseln die drosseln
fink und star
keine nachtigall und ihre lieder

nur die spatzen pfeifen es
von den dächern:
vertreiben die rabenvögel
die fetten tauben
oder zerstören flugs ihre nester

heute die erste pech-
schwarze krähe vor der terrassentür
hackte mit ihrem schnabel
kratzer ins glas krächzte
wir auch wollen lustig sein

lärm
(für nikola madzirov)

es ist so viel lärm in der welt.
die menschen haben ihn erfunden,
um die nacht nicht zu hören
das allmähliche verstummen der sterne.

keiner gibt mehr ruhe in der welt.
sind wirklich alle zikaden verschwunden?
und hört noch jemand
das gras wie es wächst?

die dinge wie sie sind

nun besitzen uns also
die dinge
haben uns gekauft
und wir haben bezahlt für sie

all die vielen dinge
sorgsam gehen sie mit uns um
so lange wir jung sind

immer öfter
tagsüber aber
vergessen uns die dinge

nur des nachts
wenn sie nicht schlafen können
holen uns die dinge hervor

sanft
drehen und wenden
betrachten sie uns
unablässig
mit zärtlichem blick

aus dem sinn

doch
nicht aus den augen: die katze
obwohl lange tot
huscht ihr schatten noch
übers parkett
abends löffle futter
ich in ihren napf.
morgens blank geleckt
glänzt er im licht

so viele sterben

in den zeitungen
lese ich nachruf um nachruf
unter einem berg
aus papier
verschwinde spurlos
auch ich

lainpfad

schau, das herbstfarbne ufer

ein reiher schwebt
flussaufwärts über der ruhr
landet sacht auf moos und stein

in diesem licht sehen
die blätter der weide
wie die des bambus aus

ich verbeuge mich vor so viel chinoiserie
mit mir die weide
neigt sich dem wasser zu
in dem sich schon der späte nachmittag spiegelt

zu guter letzt

am
anfang
war das
a

a
wie in
alles auf null
alles von vorn
ab jetzt
alles in allem
alles ganz anders

a wie in
abc
adoleszenz
arbeit
alltag
angst

wie in
aller anfang ist schwer
leicht möglich alles
was zählt
für die katz
manches vor die hunde
nichts war umsonst
alles aber
vergebens

a wie in
alter
abbitte
atemnot

wie in amen
asche oder
aas

SUSANNE STEPHAN

Der Blumenweg des Unbewussten

Zum 100. Todestag von Eduard von Keyserling am 28. September 2018

In seinem Nachwort zur neuen Manesse-Ausgabe von Eduard von Keyserlings Erzählungen *(Landpartie)* stellt sich Florian Illies vor, dass man in diese Prosa hineinspringt wie in einen sonnigen See im Spätsommer: sich mit offenen Sinnen treiben lässt durch mal warme, mal kühle Partien. So ähnlich ist es mir mit Keyserling im zurückliegenden Endlos-Ausnahme-Sommer ergangen, als ich in der kleinen Stipendiatenwohnung des Heinrich-Heine-Hauses in Lüneburg wohnen durfte, von der man über eine Hintertreppe in die Etage des Vorderhauses gelangt, auf der die Eltern Heines einige Jahre gelebt haben und heute das Literaturbüro Lüneburg zu Lesungen lädt. Im Frühsommer präsentierte Klaus Modick hier seinen Roman *Keyserlings Geheimnis*, der mich sozusagen in die ‚Seenplatte‘ der Romane und Erzählungen Keyserlings hineingeschupst hat.

Fortan verbinden sich für mich viele seiner Werke mit diesem Sommer, in dem ich alle Zeit fürs ‚Abtauchen‘ in Bücher wie in eigene Projekte hatte – wenn ich die kühle Wohnung hinaus in die Hitze verließ, dann, um mit dem Rad zu realen Badestellen oder mit dem Zug zur nahen Ostsee zu fahren. Im Kopf reiste ich mit Keyserlings Erzählungen noch weiter ostwärts bis nach ‚Kurland‘, jener heute (und bereits von 1918 bis 1940) lettischen Region zwischen Königsberg und St. Petersburg, in der Keyserling geboren und aufgewachsen ist. Wenn dieser Dichter auch nicht als Chronist der deutschbaltischen Geschichte gelesen werden kann – die Schauplätze seiner Erzählungen sind oft nach Ostpreußen verlegt oder unbestimmt –, so schien Lüneburg zufällig ein besonders guter Ort zu sein, sich mit der Geschichte jener Gegenden und Staaten zu beschäftigen: Das Nordost-Institut zur Geschichte des Baltikums und die Deutschbaltische Kulturstiftung haben hier ihren Sitz. Vor kurzem wurde das Ostpreußische

Landesmuseum, 1958 in Lüneburg als „Ostpreußisches Jagdmuseum" gegründet, nach gründlicher Entrümpelung und inhaltlicher Neuorientierung wiedereröffnet; in der assoziierten deutschbaltischen Abteilung hat auch Eduard von Keyserling einen Platz gefunden.

Bei mir schob sich noch ein anderes, man könnte meinen: ebenso außerliterarisches Interesse beim Lesen vor. Da gerade ein Jahr voller Recherchen zur Blumengeschichte – zu Nelken, aber darüber hinaus zu allem, was am Wegrand der Erkundungen blühte – hinter mir lag, hatte ich immer noch eine Art ‚Garten- und Blumenblick' und konnte nicht anders als fasziniert registrieren, wie anschaulich, genau und sinnlich Keyserling die Gärten beschreibt, in denen sich seine Figuren bewegen. Was waren das für Zeiten, dachte ich, als man sich in Stockrosen-Beeten verirren konnte (während in heutigen Gärten immer nur einzelne Exemplare stehen), man in einem nachtdunklen Garten seinen Weg allein mit Hilfe der Blütendüfte fand, auch in Gemüsebeeten zuerst die Düfte der Zwiebeln und Kräuter wahrnahm, als die Herren jahreszeitlich passende Knopflochblumen trugen und die Gäste einer Abendgesellschaft sich damit unterhielten, aus dem Garten herbeiwehende Düfte zu unterscheiden: Reseden, Tuberosen oder Geißblatt? Während man heute vielleicht über die Parfums der Gäste – Calvin Klein One, Chanel Nr. 5 oder Jil Sander Sun? – parlieren würde. Bei Keyserling sind Parfums nur lästig: die Patchouli-Wolke der französischen Gesellschaftsdame, das „New Mown Hay"-Rasierwasser des ungeliebten Ehemanns.

Diese Gärten schienen geradezu auf eine berauschende Duftwirkung hin angelegt zu sein, wie es vom 15. bis 19. Jahrhundert üblich war, als der Duft noch als wesentliche Eigenschaft einer Blume galt, auch als ‚Gegenzauber' zu den allgegenwärtigen schlechten Gerüchen, in denen Infektionen lauerten. Heute zählt jedoch vor allem der visuelle Eindruck. Blumen haben ‚gesund' auszusehen, fotografier-instagram-tauglich, und gut haltbar für den Blumenhandel: eine züchterische Entwicklung, die auf Kosten des Duftes gehen musste. Was heute als ‚duftend' angeboten wird, riecht oft nach nicht mehr als frischem Grün. Die stärksten Duftpflanzen jedoch sehen schnell angekränkelt aus, wie die einmal blühenden alten Centifolien- und Moosrosen, oder sind unscheinbar wie Nachtviolen und Levkojen, deren Blüten sich erst in der Dämmerung für nächtlich fliegende Falter öffnen. Diese ‚Nachtschwärmerblumen' haben im letzten Akt von Heinrich von Kleists *Prinzen von Homburg* einen großen Auftritt.

Aus Keyserlings Texten leuchteten mir eben diese Blumen entgegen, die fast vergessen sind und kaum noch in Gärten gepflanzt werden, aber der Schlüssel zur Evokation seiner erzählten Welt zu sein scheinen. Eine explizite Bemerkung über den „Reseden- und Levkojenduft jener Tage" fällt aber ausgerechnet in einer Erzählung mit Titel *Schützengrabenträume* und macht deutlich, dass es um ‚Träume', um eine Imagination in einer bestimmten historischen Situation, einer Zeit gewaltiger Umstürze, geht. Laut einer These des Historikers Eric Hobsbawn endete das 19. Jahrhundert erst mit dem Großen Krieg, dem Ersten Weltkrieg, und währte damit besonders lang: von 1789 bis 1914 oder auch 1918. Am 28. September 1918, wenige Wochen vor dem Waffenstillstand, ist Eduard von Keyserling im Alter von 63 Jahren in München gestorben.

1855 wurde Keyserling auf Schloss Tels-Paddern unweit der Ostseeküste in Kurland geboren; bereits seit 1795 war dies ein Gouvernement des russischen Zarenreiches, das vom deutsch-baltischen Adel verwaltet wurde, einer vor Jahrhunderten eingewanderten Oberschicht, die gerade zehn Prozent der Bevölkerung ausmachte. Keyserling besuchte die Universität von Dorpat (heute Tartu/Estland), von der er 1877 wegen einer nicht ganz geklärten ‚Ehrensache' verwiesen wurde; er ging nach Wien, später nach München. Nach ersten Romane im Stil des Naturalismus begann er um 1903 seine ‚Schlossgeschichten': Erzählungen, die in der gesellschaftlichen Schicht angesiedelt sind, in die er selbst hineingewachsen war. Ab 1908 setzte bei Keyserling aufgrund einer Syphilis-Erkrankung eine fortschreitende Erblindung ein; seine letzten Werke musste er seinen beiden mit ihm in München lebenden Schwestern diktieren.

Liegt vielleicht im Verlust des Augenlichts der Grund dafür, dass es vor allem der Duft von Blumen oder eines Waldstücks ist, mit der Keyserling die Szenerie seiner Erzählungen heraufbeschwört? Und war für ihn der Duft, der ohne bewusste Kontrolle an tiefste Schichten der Psyche rührt, nicht nur der Königsweg zu einer vergangenen Welt, sondern auch zum Unausgesprochenen, Uneingestandenen, Unbewussten und Verdrängten? Sind darüber hinaus vielleicht Gärten und Blumen, die Keyserling mit wenigen, aber atmosphärisch ‚wirksamen‘ Worten evoziert – was ihm den Ruf eines ‚impressionistischen‘ Dichters eingetragen hat –, entscheidende Ingredienzien der Handlung, begleiten sie nicht nur als Kulisse, sondern auch als ‚Stimulantien‘ die inneren wie äußeren Dramen?

Meist ist Sommer in den Erzählungen und Romanen, halten sich die Figuren in Landsitzen auf, meist ist es sehr warm, womit sich die Düfte noch stärker entfalten, und drängen die Blumen mit ihren Düften nahezu gewaltsam in die Häuser, in die Gartensäle, wo die Herren über die preußische Kreuzzeitung, die Damen über eine Handarbeit gebeugt sind, gesellschaftliche Fauxpas in anderen Familien diskutieren und doch eine Beunruhigung und Bedrohung am eigenen Leib spüren: „Durch die geöffneten Fenster duftete der dunkle Garten herein.“ *(Am Südhang)*

Es ist nicht die ‚freie‘ Natur, die hier lockt oder irritiert, es ist der selbst angelegte oder selbst geplante Garten. Vor den großen Erscheinungen der Natur – Meer, Mond, Sonnenuntergang – zeigen die Menschen bei Keyserling nur ihre Art, das Leben mit Platitüden gegen das ‚ganz Andere‘ abzu‚dichten‘; Caspar David Friedrich-Blicke in eine große Unendlichkeit sind zur Pose erstarrt. Am Wald lobt man das schöne „Oberlicht“, das Meer wird als „sehr programmäßig“ abgetan, wenn es nicht zur Projektion von Sehnsüchten herhalten muss, die sich dann als Selbstillusion erweisen oder als allzu harter Verzicht auf den gewohnten ‚Komfort‘.

Zu den Annehmlichkeiten des Lebens gehört laut Keyserling, wie er in seinem Essay *Zur Psychologie des Komforts* von 1905 ausführt, auch „der Komfort eines für mich erzogenen Stückes Natur". Und gerade dort begegnen seine Figuren ihren unterdrückten Sehnsüchten. Das Unbewusste und Unheimliche lauert in einem selbst oder in der ‚heimelig' gemachten, gegen alle Zumutungen und Hässlichkeiten abgeschotteten Umgebung. So wurde auch bemerkt, dass die Menschen sich in dem Moment dem Unbewussten zuwandten, oder „Es" als Teil ihres Bewusstseins entdeckten, als die äußere Umgebung von Gaslaternen und elektrischem Licht ausgeleuchtet war.

Gärten bilden zwar im allgemeinen eine Art Übergang zwischen den Wohnungen der Menschen und der (mehr oder weniger) ‚freien' Natur, aber zeigen meist keinen Gegensatz zur Einrichtung des Hauses, sondern einen ganz ähnlichen Stil: vollgeräumt, mit ‚Nippes' im Regal und im Beet, oder minimalistisch, wobei die heute üblichen ‚cleanen' Vorgärten mit Schotterflächen und Bambusgräsern beinahe so naturfern wie nur möglich geraten (und das ‚Verdrängte' hier das große Insektensterben wäre). Die Gärten in Keyserlings Erzählungen spiegeln die Mode der ‚naturnahen' Bepflanzung zu Ende des 19. Jahrhunderts, als man in einer bereits stark industrialisierten Zeit eine – vielleicht ‚blumenaristokratische'? – Zuflucht suchte. Wie auch in den herrschaftlichen Parks der englische Landschaftsgarten in dem Moment zum großen Ideal aufstieg, als die realen Landschaften bereits von Eisenbahnlinien durchschnitten waren und sich über die Städte der Ruß der neuen Industrien legte.

Wenn jedoch zur Jahrhundertwende die Interieurs mit ihren schweren Vorhängen, ihren plüschigen Sitzmöbeln als ‚erstickend' empfunden wurden (auch wenn sich hier Naturformen einschlichen wie die von asiatischen Blumen inspirierte Ornamentik des Jugendstils oder die Kronleuchter in Quallenform, die in Ernst Haeckels „Villa Medusa" in Jena ein modernes elektrisches Licht verbreiteten), dann bot die ‚erzogene' Natur rund ums Haus keine wirkliche Gegenwelt: Dort wurden zwar nicht mehr streng geometrische Beete angelegt, kostbare Blumen in einem ‚Topftheater' gehegt wie im 17. und 18. Jahrhundert, aber auch keine wirklich schlichten, einheimischen Sträucher gepflanzt oder Wildblumen gesät. Die Gärten bei Keyserling scheinen dicht gefüllt mit schwer duftenden Rosen, mit Hyazinthen, Lilien, Gladiolen, deren sexuelle Symbolik neben den allgegenwärtigen „süßen Düften" offenliegt („Die Gladiolen flammten wie Feuer ..." *Schwüle Tage*). Hier wird auf ähnliche Weise eine allumfassende Schönheit des Lebens kultiviert wie im Innern des Hauses und kommt wie auf Sigmund Freuds samtbezogener Couch das Unbewusste ans Licht: „Alles hatte hier Nerven, alle Menschen, alle Möbel, alle Blumen. Er selbst bekam auch Nerven." *(Harmonie)* Und wenn im Roman *Fürstinnen* die Fürstin Adelheid bemerkt, man verstehe „Kinder so wenig wie Blumen", dann bestätigt sie damit nur einen Grundsatz der Psychoanalyse: dass sich in der als ‚unschuldig' geltenden Kinderseele wesentliche psychische Dramen abspielen.

Eine blumensprachliche Entschlüsselung, wie sie der sonst aufschlussreiche Kommentar der Manesse-Ausgabe unternimmt, erscheint nicht nötig und auch fraglich, wenn man in die ‚Blumenalphabete' der damaligen Zeit blickt, die einer Blume oft ganz gegensätzliche Bedeutungen zuschreiben. Bei der Blumenmetaphorik hält sich Keyserling sogar eher zurück, denn es ist auffallend wenig von den symbolisch übersetzten Rosen und Nelken die Rede; in seinen Gärten scheinen nicht einmal Nelken gepflanzt zu sein (deren hohe, empfindliche, eher für Töpfe geeignete Sorten bereits aus der Mode gekommen waren). Die roten Nelken, die Billy in *Bunte Herzen* für das entscheidende Gespräch mit ihrem Vater Graf Hamilkar an ihrem Gürtel trägt und das rosa Nelkenmuster des Kleides, das sie für das ‚Durchbrennen' mit ihrem polnischen Cousin wählt, stehen wohl eher nicht für „Tapferkeit, Freundschaft, Treue bis in den Tod, Sinnlichkeit", wie es im Kommentar heißt (oder nur für letzteres) – hier sind sie als ein geradezu altmodisches Verlobungssymbol zitiert, das bereits auf Portraits der Renaissance auftaucht (denn auch das Durchbrennen hat in dieser Erzählung etwas Vorhersehbares und Theaterhaftes). Keyserling geht es weniger um chiffrierbare Blumenmetaphern als um die ‚rauschhafte' Zuspitzung von Gefühlen und Lebenskonflikten.

Die Menschen scheinen selbst überwältigt zu sein von der Wirkung ihrer Gärten, von dem, was sich dort ‚triebreich' entfaltet, während das gesellschaftliche System, die Ständeordnung, auf der Triebunterdrückung beruht. Daher müsse man, wie Graf Hamilkar in *Bunte Herzen* rät, nur neun Zehntel von dem, was man denke, preisgeben, und vor allem, wie Prinzessin Agnes in *Fürstinnen* betont, alles dafür tun, dass die Welt die „ganze Geschichte" von Oben und Unten noch glaube, während andere Figuren Keyserlings bereits schwanken auf ihren Wegen als honorable Standesvertreter und Ehemänner, und, wie in der Erzählung *Am Südhang*, kleine goldene Morphinspritzen bei sich tragen, um das Leben zu bewältigen oder sich daraus zu verabschieden.

Die sozialen Distinktionen zeigen sich auch in der Art der Gärten: Pfarrersfrauen scheinen bei Keyserling immer mit der Johannisbeerernte beschäftigt zu sein; eine adlige Dame, die von ihrer gesellschaftlichen Schicht gemieden wird, lebt in der Nähe des Waldes, wo ihre frei herumstreifende Tochter Britta allerlei Wildblumen sammelt, während ihre Altersgenossin im fürstlichen Garten sich nicht einmal auf eine Schaukel setzen darf und eine kleine gelbe Wildblume durch ein Gitter gereicht bekommt. Aber die drei Prinzessinnen, die hier in *Fürstinnen*, Keyserlings spätem, 1917 veröffentlichtem Roman, standesgemäß verheiratet werden sollen, haben ihren ersten Auftritt in einem Obstgarten sitzend, also bereits an der Grenze vom Zier- zum Nutzgarten. Graf Streith, der Berater ihrer Mutter, der verwitweten und von Geldsorgen geplagten Fürstin, überspielt den ‚Widerstreit' in seiner Brust – er kann sich über Jahre nicht zu einem Antrag bei der Fürstin entschließen – damit, dass er sich der fortgesetzten, nie abgeschlossenen Ausstattung seines eigenen Landsitzes und der Gartenanlagen widmet, in denen auch Rosen mit ‚demokratischen' Namen wie „Miß Vanderbilt" einen Platz erhalten, jedoch bis in die Gemüsebeete hinein auf ein ästhetisches Gesamtbild geachtet wird. In dem Moment, als der Graf sich in die eigentlich nicht standesgemäße Britta verliebt, erkrankt er und stirbt. Das Schlussbild in diesem letzten zu Keyserlings Lebzeiten veröffentlichten Roman gehört einem Kranz von Feldblumen, den Britta auf Streiths Sarg legt: „flammend von den Farben von Trollblumen, Lichtnelken, Sumpforchideen und Skabiosen … heiter in seiner Farbenpracht, wie ein helles Jugendlachen."

Hier tauchen doch noch Nelken auf, möchte man meinen, aber Lichtnelken sind streng genommen keine Nelken, also eine Dianthusart, sondern ein Leimkraut, das an Waldsäumen wächst – der schöne Name jedoch trägt über die botanischen Gattungsgrenzen hinweg und suggeriert eine ‚Verlobung' im Tode, die Utopie einer Befreiung, die im Leben nicht möglich war.

Keyserling begrüßte wie die meisten Dichter und Intellektuellen Deutschlands im August 1914 den Kriegsbeginn, der ihm als etwas Verbindendes über die Stände hinweg erschien, als etwas Neues, das „stark und einfach" mache jenseits der elenden Kompliziertheiten. Aber bereits seine Erzählungen aus diesem ersten Kriegsjahr, und alle folgenden, können als geradezu defaitistisch gelesen werden. Hier ist das Erzähler zu Deutschen wie Franzosen so ‚gerecht' wie zu Grafen und Untergebenen, zu Vertretern der alten Ordnung und Rebellen. Einmal wird in *Fürstinnen* die erste Strophe des Deutschland-Liedes so laut herausgesungen, „daß drüben im Schlosse die Hunde zu bellen begannen".

Gegen Ende meines Aufenthalts habe ich noch einmal das schöne Patrizierhaus in der Lüneburger Altstadt, in dem die Deutsch-Baltische Gesellschaft residiert, besucht, um die legendäre Sammlung der mittlerweile 95jährigen Archivarin Renate Adolphi kennenzulernen. Sie, die ihre

Heimat 1940 in Folge des Hitler-Stalin-Paktes, der das Baltikum der Sowjetunion zuschlug, verlassen musste, verwahrt und katalogisiert alles, was die Gesellschaft als Schenkung erhält: von Urkunden über Fotografien bis selbstgestrickte Handschuhe. Als ich jedoch, um mein baltendeutsches Wissen zu beweisen, erwähne, dass ich in diesem Sommer viel von Eduard von Keyserling gelesen hätte, meint sie nur kühl: „Ich habe ihn nie gelesen. In der Grundschule in Riga saß ich neben einem von Keyserling, der war so doof, der musste am Ende die Klasse wiederholen."

Sie sollte dem Dichter, vermutlich ein entfernter Vorfahr dieses Mitschülers, noch einmal eine Chance geben. Auch wenn sie in den Texten die Welt ihrer Kindheit oder die ihrer Eltern kaum wiederfinden würde. Keyserling ist in diesem Sinn ‚u-topisch‘, er schuf sich ein eigenes ‚Grenzland‘ zwischen Erinnerung und Fiktion, geschichtlicher Welt und Möglichkeit, Sehnsucht und Vernunft.

Und was für Frau Adolphi das Sammeln konkreter Dinge, war für Keyserling das Ausspinnen seiner Erinnerungen zu Erzählungen als Versuchsanordnungen, mit Blumen als Katalysatoren im chemischen Sinn, Reaktions-Beschleunigern. Wie der Geheimrat Knospelius in *Wellen* ein Mittsommerfest unter Birken veranstaltet, das dank allerlei naturmagischer Wirkung die Beziehungen der Sommerfrischler aufmischt, so arrangiert Keyserling seine erzählten ‚Sommernachsträume‘, in denen man sich tatsächlich einfach treiben lassen, da es nicht eigentlich der Plot ist, der weiterzieht – aber dann doch, denn dies habe ich als Autorin beim Lesen gelernt: Diese Erzählungen würden ohne die oft überraschenden Wendungen und Keyserlings große Dialogkunst nicht als literarische Geschichte, modellhaftes ‚Experiment‘ funktionieren, ohne die atmosphärischen Evokationen aber auch nicht derart im Kopf des Lesers ‚reagieren‘. Und vor seiner Gegenwart ist Keyserling auf keinen Fall in eine idealisierte Vergangenheit abgetaucht.

ARNOLD MAXWILL
schlichte Gedichte

G., das auch vom Hadern spricht

die Zeiten fester schließen;
das wird jetzt schwierig.

was veranlasst die Glieder
zu hautwarmer Expedition?

G. zum Ducken

halt das mal klein
lieber klein; du fürchtest
und das ist. das ist Zett.

nimm nicht die andren
Ängste hinzu; das wird hier zu voll.
nimm nur die eine

G., das sich verfehlt (vermeintlich)

aus großer Teufe
komm ich, ungezählt

ihr feiert nicht? weshalb
feiert ihr nicht? es ist Mörvium

es gibt keinen
Grund zu Gram

G. als Luftfracht; natürlich geeicht

ich sende dir
verblüffend gute Bilder
von meiner Stelle
am Rand

du kennst
die amtliche Weisung
misch mir doch bitte
Sand ins Kuvert

G. von oder eher fern von Regeln

mapfel mapel
wie schön sind die Zonen
abseits der Geschwister –

du willst andere Register?
Rillen? Schwungspur? noch
bieten wir Anekdoten feil

G., vielleicht auch bloß Erinnerung

und nur in Konsonanten
wohnen: das war der Plan.

schmal, umsichtig. tapezierte Tage.
bedürftig kaum, kaum bedürftig

G. über Schmerz oder ausrangierte Tiere

wie kann ich die lange Ausfahrt
finden? Tagesgeld für meinen Zorn?

Giraffennester baumeln: schwer.
Brustkorb, der nur gemietet war

G., sehr niedrig, süßlich (ohne Zaun)

krumm gliedern
wir lieben diesen Spalt
die ortsweiche Gier auf mehr

krumm gliedern
Hautfelder; Felle von Aug
die uns buchstabiern: speak low

G., das eigentlich von Ernte handeln soll

auf dem Schirm haben:
Gesplittertes, Leim, Veduten

wir gehen weit ins Holz hinein
wir Knicklichter: abgeschlagen, dürr

G. von guten und schlechten Früchten

und Borsten, Härchen ...
Eintrag ins Welk-, ins Woll-
oder Volksbuch (ihr Früchtchen)

aus jeder Runkel noch
kapitale Kartoffeln raspeln –
so leckt ihr süße Sicherheit

G. mit fröhlicher Krümmung; Falz

das alte Modell:
in Duisburg geboren, in Krefeld rumgetrieben

ohne Sicht, ich Nebelbürste:
bohr, bohr

G., stark kratzender Untergrund

gemörvt, geleckt, gesotten
harter Nacken, unbelehrt. heftig.

die Sonne boxen? die Sonne boxen
heilige Tatze, tatsächlich

G., innen wie außen kaum lenkbar

nicht Winken, nicht Haut
nicht durchkalkulierte Sprache
alle elf Minuten verliere ich Ruaw

G., das flugs ins Außen will

Zeitvehikel, Strömungsziegel
jetzt stehn alle Härchen richtig

Angst, Ampere. strölmt Pyrone?
du bist auf Vermeidung gut eingerichtet

DENIS VIDINSKI
Aus dem Jahr der Pappel

Woher, wohin?

Mein dreijähriger Sohn fragte mich eines Tages: Wo bin ich gewesen, bevor ich geboren wurde?

Ich sah zu ihm hin.

Was sagt man da?

Nach einem kurzen Augenblick antwortete ich etwas wie: Du warst oben im Himmel, denke ich, in den Wolken.

Er sah mich an.

Manchmal warst du auch im Regen, im Gras, und in den Steinen drin.

Tannenbaumhöhlen

Wenn man nach Weihnachten, im grauen und feuchten neuen Jahr, die Tannenbäume aus den Wohnungen nach unten warf, wanderten wir durch die Nachbarschaften und sammelten diese Bäume; große und kleine, helle und dunkle, ausladende und spindeldürre.

Wir flochten sie ineinander, dichter und dichter, schichteten Baum auf Baum und schufen so grüne Höhlen, meterhohe Haufen, verkeilt im kahlen Geäst der Gebüsche, die in den kalten Schatten unserer Wohnblöcke wuchsen.

Nur ein niedriger, versteckter Stollen führte da hinein. Im Innern zog der Geruch von Harz und Tannennadeln durch ein Halbdunkel, das wir mit kleinen Taschenlampen oder Feuerchen zu erhellen versuchten.

Wir hockten stundenlang auf dem von uns blank gefegten, gefrorenen Erdboden, horchten auf die gedämpften Klänge von draußen, auf die Geräusche von Kindern anderer Nachbarschaften, die vielleicht versuchten, unsere Höhle zu beschädigen, um hinter ihre Geheimnisse zu gelangen.

Wir horchten nach den Stimmen der Erwachsenen, denen es unmöglich war, diese Höhlen zu betreten.

Wir horchten auch nach dem Wehen des Januarwindes, dem seltenen Knistern des trockenen Schnees, der sich manchmal draußen um die Nadeln legte und sie noch lange aus den Abenden heraus schimmern ließ, wenn wir vor dem Schlafen kurz aus den Fenstern nach unseren Höhlen sahen.

Ohne Stimme

Nah am Fleet hat man die wuchtigen Stämme von Pappeln zu vielen hohen Stapeln getürmt. Hier standen vor wenigen Tagen noch weit über dreißig Bäume.

Ich schiebe mein Rad und schaue zu den hellen, fast weißen Schnittflächen, die wie runde Monde aus dem grauen Unterholz herausscheinen.

Weiter vorn muss ich mich zwischen zwei großen grünen Lastwagen hindurchzwängen. In mir ist Wut und Ohnmacht. Ich will den Arbeitern, die da lässig herumstehen, etwas zurufen. Sie tragen orangeleuchtende Jacken und Helme. Sie sehen mich an.

Die Maschinen, die sie aufgebaut haben, sind so laut, dass ich meine eigene Stimme nicht höre, so sehr ich auch brülle. Es muss für die Männer um mich herum aussehen, als schnappe ich nach Luft, weshalb sie wohl auch milde lächeln.

Ein windiger Weg

Ganz oben in den Kronen der blätterlosen Eichen schwankten Krähennester. Das Kreischen der schwarzen Vögel hallte von den Wänden der Wohnblöcke wider. Wie laut uns das vorkam. Die Krähen hüpften aufgeregt mit den Flügeln schlagend von Ast zu Ast, von Nest zu Nest; sie glichen Scherenschnitten. Über ihnen war das Grauweiß des sich stetig voran wälzenden Himmels.

Im Unterholz regte sich etwas; frischgrün knospende Weißdornsträucher legten ihre Arme um uns. Mein Sohn und ich gingen und schauten unentwegt. Wir spielten Ball zu zweit, unter Bäumen und Wind.

Die Amsel

Im Sonnenfleck vor einer Linde kauerte die schwarze Amsel mit weit ge-
breiteten Flügeln, offenem Schnabel. Sie lauschte oben den hellen Stim-
men ihrer Kinder. Aus der Tiefe der Erde vernahm sie den Gesang, das
Vibrieren eines Sommers, den ich nicht sah, aber zu hören begann, als ich
mich zu ihr legte.

Nachtwasser

In der Nacht wurde ich geweckt vom Sturm, vom Hin und Her des Regens darin. Und auch am Morgen noch warf sich der Wind unablässig gegen Türen und Fenster. Doch was mir als stärkstes Überbleibsel davon in meiner Erinnerung haften blieb, war das unablässige Geräusch fließenden Wassers. Es war da etwas Rieselndes, Perlendes in all dem Rauschen umher, etwas das klar und deutlich aus allen Richtungen gleichzeitig kam und durch nichts aufgehalten zu werden schien. Und obschon keine Fallrohre oder andere Ableitungen sich vor dem Fenster oder in den Wänden befanden, das wusste ich genau, klangen diese Wasser doch ganz nah, und fast schon an meinem Gesicht.

Frost

Als das Licht nachließ, die Kälte wieder hervorkam und die Kastanien rot vor uns standen, gingen wir nah der Gleise auf den sich schlängelnden Pfaden. Sie waren im Wechsel gräsern oder schlammig, mit Wasserlachen, die hell den Abendhimmel spiegelten.

Gekörnt und löchrig waren die Blätter der Brennnesseln nach dem ersten Frost, und sie rollten sich auf, als legten sie sich schlafen.

Aus dem Dickicht um uns, aus den dort versteckten Parzellen, wehte der Rauch kleiner Öfen, in denen beschichtete Spanplatten verbrannt wurden.

Schreiben

Morgens, noch im Dunkeln, ziehe ich bisweilen das Rollo hoch und öffne groß das Fenster. Ich lege mich noch einmal hin, schließe die Augen und horche hinaus nach den Wegen des Windes. Manchmal schreibe ich dabei, so wie jetzt; mit einem stumpfen Bleistift auf ein kleines Stück Papier, das ich nicht sehe.

Die Beiträger

Tsead Bruinja, geb. 1974 in Ringsumageest, wohnhaft in Amsterdam. Debütierte im Jahr 2000 mit einem Gedichtband in friesischer Sprache. Seitdem erschienen zwölf Gedichtbände in niederländischer und friesischer Sprache. 2017 in deutscher Sprache in der niederländischen Poesiereihe der Edition Virgines sein Band: „spezialist auf dem gebiet von fensterrahmen" (mit Übersetzungen u.a. von Ralf Thenior). Zuletzt: KAPSTOK, 2018, gedichten, zweisprachig: friesisch/niederländisch. Daraus die hier übersetzten Gedichte. Mit großem Dank an Ingeborg Lesener für Freundschaft und Übersetzungshilfe.

Karsten Redmann, geb. 1973 in Neunkirchen (Saar), lebt und arbeitet als freier Schriftsteller in St. Gallen (CH). Zahlreiche Veröffentlichungen in Literaturzeitschriften, Anthologien und Zeitungen. Stipendium Bremer Romanwerkstatt 2010. Stipendium Bremer Prosawerkstatt 2012. Text des Monats beim Schreibwettbewerb des Literaturhauses Zürich, Juli 2015. Shortlist zum erostepost-Literaturpreis 2016. Nominierung für den story-app-Preis 2017. In der eof wird im Herbst 2018 Redmanns Erzählungsband „An einem dieser Tage" erscheinen.

Sylvia von Keyserling, geb. 1951 in Innsbruck/Tirol, Lyrikerin und Erzählerin, lebt in Stuttgart. Ihr erster Gedichtband erschien 1980 während eines einjährigen Studienaufenthaltes auf den Philippinen. Seither hat sie mehrere Gedichtbände, Kinderbücher und -funkerzählungen sowie Theaterstücke veröffentlicht und verschiedene Auszeichnungen erhalten, zuletzt ein Stipendium für den Gedichtzyklus „Rosenstein. Hommage an ein Stuttgarter Kulturdenkmal", Nikros Verlag, 2015.

Michael Girke, geb. 1962, lebt als Schriftsteller, Dozent, Kurator und Liebhaber seiner Gegend in Herford (Ostwestfalen). Er schreibt als Lite-

ratur- und Filmkritiker für „Film-Dienst", „Der Freitag", „Junge Welt",
„NZZ" und „taz". 2010 NRW-Literaturstipendium für „Versuch über Hei-
mat", 2016 gab er das „Lesebuch Hans Wollschläger" heraus. In der eof
ist bereits der erste Band von Girkes gesammelte Essays, „Geisterbahn",
erschienen.

Michael Krüger, geb. 1943 in Wittgendorf, lebt in München. Von 1986-
2013 Leiter des Carl Hanser Verlags. Seit Juli 2013 Präsident der Bayeri-
schen Akademie der Schönen Künste. Autor zahlreicher Gedichte, Roma-
ne und Erzählungen. Die vorliegende Auswahl erscheint mit freundlicher
Genehmigung des Haymon Verlags, Innsbruck.

Ralf Thenior, geb. 1945 in Bad Kudowa (Kudowa Zdroj), Schlesien. Auf-
gewachsen in einer Gärtnerei in Hamburg. Erster Berufswunsch: Gärtner.
Dann: Schriftsteller. Übersetzerstudium am Dolmetscherinstitut der Uni-
versität des Saarlands. Germanistikstudium an der Universität Hamburg.
Zahlreiche Auszeichnungen und Preise, zahlreiche Veröffentlichungen seit
1977. Jüngste Veröffentlichungen: „Die elektrischen Glühbirnen. Ge-
dichte aus Georgien" (Hrsg.), Edition Virgines, Düsseldorf 2018. „Im
Licht der Kakifrüchte, Reisegedichte aus Georgien", Edition Virgines,
Düsseldorf 2018. „De verheerlijking van de champignon", gedichten, ins
Niederländische übertragen von Tsead Bruinja, azul verlag, Maastricht
2018.

Gerd Herholz, geb. 1952 in Duisburg, lebt in Gelsenkirchen, war von
1987 bis zum März 2018 Leiter des Literaturbüros Ruhr in Gladbeck. Er
schreibt für Blogs, Zeitungen und Rundfunk. Als Buchautor erschienen
von ihm u.a. „auf- und abgesänge. gedichte", Sassafras Verlag, Krefeld
1983.

Susanne Stephan, geb. 1963 in Aachen, wohnt in Stuttgart. Studium der
Germanistik, Geschichte und Romanistik u.a. in Tübingen und Paris. Ver-

lagstätigkeit, jetzt freie Autorin. Veröffentlicht Lyrik, Prosa, Essays, zuletzt: „Haydns Papagei" (Klöpfer & Meyer, Tübingen 2015) und „Nelken" (Matthes und Seitz, Berlin 2018).

Arnold Maxwill, geb. 1984 am Niederrhein, lebt in Dortmund. Studium der Philosophie, Germanistik und Kunstgeschichte in Wien und Münster. Veröffentlichungen in Anthologien und Zeitschriften. GWK-Förderpreis 2016, Feldkircher Lyrikpreis 2016, Lyrikpreis München 2016.

Denis Vidinski, geb. 1979. Studium Buchillustration, Kommunikationsdesign und Freie Kunst in Hamburg und Bremen. Zahlreiche Ausstellungen im In- und Ausland, Preise für Design. Veröffentlichungen in Zeitschriften. Lebt und arbeitet in Bremen.

edition offenes feld
hrsg. von Jürgen Brôcan
in Zusammenarbeit mit Offenes Feld e.V.

Bengt Emil Johnson:
Das Fest der Wörter. Aus dem Sumpf.
Mit einer Nachschrift von Staffan Söderblom
Aus dem Schwedischen übersetzt von Lukas Dettwiler
116 S., ISBN 9783739215457

Ranjit Hoskote:
Feldnotizen des Magiers. Gedichte.
Aus dem Englischen übertragen von Jürgen Brôcan
124 S., ISBN 9783739215419

Hans Børli:
Der Wind schaut nicht auf die Wegweiser. Gedichte.
Aus dem Norwegischen übersetzt von Klaus Anders
100 S., ISBN 9783739215440

Klaus Anders:
Ätna. 35 Ansichten. Gedichte.
76 S., ISBN 9783738659498

Carsten Zimmermann:
Nichts geschieht. Roman.
160 S., ISBN 9783839115251

Bianca Döring:
Flieg, mein elektrischer Fisch. Prosa.
144 S., ISBN 9783842334489

Arundhathi Subramaniam:
Die Stadt brandete gegen mich. Gedichte.
Aus dem Englischen übersetzt von Jürgen Brôcan
80 S., ISBN 9783842336711

Kjartan Hatløy:
Die Lippen verlangen nach Ocker. Gedichte.
Aus dem Norwegischen übersetzt von Klaus Anders
108 S., ISBN 9783739213989

Angelica Seithe:
Im Schatten der Äpfel. Ausgewählte Gedichte.
112 S.. ISBN 9783741238505

Mathias Jeschke:
Luftstudien. Gedichte.
84 S., ISBN 9783739232010

Matthias Buth:
Paris regnet. Neue Gedichte.
132 S., ISBN 9783741290923

Ulrike Bail:
sterbezettel. Gedichte.
80 S., ISBN 9783741290381

Jürgen Kross:
inland. Gedichte.
108 S., ISBN 9783741282638

Thomas J. Wehlim:
Zweierlei Krieg. Roman.
192 S., ISBN 9783743179110

Timo Brandt:
Enterhilfe fürs Universum. Gedichte.
104 S., ISBN 9783743192287

Spoon Jackson:
Felsentauben erwachen auf Zellenblock 8. Gedichte und Prosa.
Aus dem Englischen übersetzt von Rainer Komers
108 S., ISBN 9783744820028

Zhou Bangyan:
Lieder.
Aus dem Chinesischen übersetzt von Raffael Keller
72 S., ISBN 9783743160248

Moya Cannon:
A Private Country | Ein privates Land. Gedichte.
Aus dem Englischen übersetzt von Eva Bourke und Eric Giebel
152 S., ISBN 9783744875233

Göran Tunström:
Unsere Insel – Unsere Zeit im Meer. Gedichte.
Aus dem Schwedischen übersetzt von Lukas Dettwiler
112 S., ISBN 9783744874700

Bettina Klix:
Berliner Suchbilder. Kurzprosa.
104 S,. ISBN 9783744820400

Michael Girke:
Geisterbahn. Wanderungen in Filmen und Büchern.
188 S., ISBN 9783746000602

Frank Schmitter:
Der wille ist ein weithin überschätzter körperteil.
80 S., ISBN 9783746059471

Rainer Komers:
Worte Fliege Agfa. Gedichte.
124 S., ISBN 9783752866094

Impressum

Herausgegeben von Offenes Feld e.V., Herford
Redaktion: Jürgen Brôcan
Beirat: Michael Girke, Ralf Thenior
Mitarbeit: Kerstin Zimmermann
Layout: Studio Z16, Dortmund
Coverillustration: Nicolaas Wicart

Der Verein Offenes Feld dient als Forum für die Diskussion, Korrespondenz und Vermittlung zwischen den Künsten. Die Mitglieder kommen aus allen Bereichen der Kultur.

Weitere Informationen und Bestellmöglichkeiten:

www.offenesfeld.de

Besuchen Sie den Verein auch unter:

www.facebook.com/offenesfeld.de

Heft Nr. 7
Oktober 2018

Herstellung und Verlag: BoD — Books on Demand, Norderstedt
Printed in Germany
ISBN: 9783748129325